大是文化

U0020933

坐在對面的人

職場面試官十年筆記，
誰能脫穎而出、誰只能輾轉沉浮，
他談完就知。

粉絲人數高達200萬、
HR資歷超過十年
蘇見祈——著

CONTENTS

推薦序一

透過「思維」進化，帶來改變的力量

IG職涯創作者／歪逆女子

你有想過在求職面試時，坐在對面的人在想什麼嗎？

在作者蘇見祈從業HR十年的歲月裡，看過無數張履歷；那濃縮過後展示給他人的文字，並不能全面了解一個人，只有透過面對面交談，才能更深入翻閱形形色色的人生片段。

書中有副業為「養羊」的斜槓青年、入伍歸來的寡言畢業生、因電玩遊戲而愛上古建築設計的快樂女孩，或是經營日營業額十三萬元的校園企業家……從本書的二十五個故事中，你可以看見職涯的多樣性，抑或是自己的影子。

同樣都是應屆畢業生，為何有人已經成為創業家，而有人卻在求職路上處處碰壁？正如作者所說：「人無法做出自身認知之外的決策，這就是命運的邊界。」人在做選擇時，會受限於自身思維，而思維的養成大部分來自於原生家庭、成長環境以及讀過的書和遇見的人。

我的第一份工作因為採訪的關係，像作者一樣可以接觸到各式各樣的人，有企業創辦人、作家、導演、設計師、藝人、國考狀元……聽了他們的故事，讓我了解職涯不是只有一條路，也可以「不只是上班族」，於是開啟了經營自媒體的道路。

想改變命運，就必須用各種方式改變思維、拓展對世界的認知，而**閱讀就是一種高報酬的自我投資選項，能幫助跳脫原本線性的思考模式，打破框架和想像**，讓你重新省思：「現在這條路到底要不要繼續走下去？還是轉個彎看看？」

在閱讀每篇故事時，你彷彿化身HR，看見「為什麼想來我們公司？」這句求職必考題背後的原因。像是明明有多元收入，但只是想找個「穩定」的工作來讓未來岳父認同；或是因為「年齡」這把無情刃，讓他不得不離開原公司另謀出路；還有如同傀儡般沒有自己的意志被父母掌控的人生。

藉由這些故事，你可以接觸到舒適圈外的世界，沒想過的生活方式，或許是你的隱藏版選項之一；那些別人走過的陷阱也能警惕自己，並從溫暖的文字中獲得前進的力量。

讀者也可以試著想想，換作是你遇到同樣情況，會做出怎麼樣的選擇？如果你是ＨＲ，會不會錄取這位求職者？

「換位思考」，能夠讓你更清楚了解自己及優劣勢。穩定的工作、充滿挑戰的工作，究竟何者對你比較有吸引力？薪水高和不加班哪個比較重要？而每一次的選擇，都將帶你到不同地方。

由於我們沒有時光機可以驗證哪個選項比較好，在本書中也無法知道什麼是標準答案；因為生命的意義，就在於體驗與臣服那必要經歷的一切，在前往解答的過程中，自然而然就會找到屬於自己的答案。

推薦序二
從別人的人生故事，看清自己的角色

《看穿雇用潛規則，立刻找到好工作》作者／Miss莫莉

這是一本輕鬆的小書，集結二十五個人資主管訪談的小故事，看著我特別有感觸。從擔任企業人資到進入人力銀行擔任專職寫手，在外人的眼裡，我也算是一個特立獨行、顛覆傳統思維的人力資源工作者。

在閱讀過程中，最吸引我的反而是作者最後幾頁的真情告白，可以從字裡行間感受得出來，他也是個不甘於平凡，將人生當作體驗的人。我深表認同，因為一路走來，我看起來做什麼都很順利，也是許多老師心中的模範生。

不過人生前半場多數的時間，我卻覺得空虛。大學時根本不知道未來要做些什

麼，因此選讀了公共行政，以為自己會循規蹈矩當個公務員，安安穩穩過一生；直到畢業前夕，突然決定想報考人資所——只因為大四那年，對成人教育意外有興趣。這麼簡單的理由，讓我找到了未來方向。

書中有許多有趣的個案，有些人選擇了不隨波逐流的道路，也有人害怕改變，選擇了安穩的人生：例如放棄知名企業offer，選擇當公務員。這讓我深感自己看似叛逆的性格並不孤單。

我並不否認作者所說：「條條大路通羅馬，但有人就出生在羅馬」，家庭帶給一個人的價值觀，或多或少會影響職業選擇，相較於中國的狼性文化，臺灣多數年輕人更顯得安逸，但我鼓勵大家，像作者一樣時常邀約不同領域的朋友吃飯、見面聊天，蒐集各界情報。

作者在寫作過程豐富了自己的人生，正如同我，把所有的讀者、學生都當成是自己的老師、創作的動力。成功活出了天命，更藉由別人的人生故事，從中看清自己的角色，任重而道遠；因為人資既是公司的伯樂，更可以發揮影響力，成為他人的導師跟贊助人。

看清生活的真相之後依然熱愛生活，是每一位職場人士，應該時常放在心底的一句話。**學習「社會學」，能讓我們的職涯不受限於自身家庭背景，逃離原生家庭的枷鎖**；走出了校門，人人都應該為自身的職涯當責，會不會錯過沿路的風景，取決於你看待世界的角度。

成長絕對是痛苦的，但願閱讀此書的你，活出不隨波逐流的人生。請拋棄外人的流言蜚語，為自己勇敢一次！

推薦序三

在職涯迷惘的夥伴，聽他談完就知

NotOnlyHR 創辦人／Miriam

鮮少能有一本書，可以從職場實際面，道盡因為世代形成的價值觀差異、求職與就業市場的實況，並且還很好讀、好理解。

作者是一位人資從業人員，但文筆如小說家一樣，將他遇到的求職者情境，寫得栩栩如生，相當有畫面。從文字中可以感受到求職者的無奈、哀愁與熱忱。

雖然書中每一篇都是獨立的故事，在現實生活中每個人也都是獨立的個體，但實際都深受大環境影響；不論是教育體制、科技發明或是國際情勢，這些影響明顯的展現在求職過程中，也隱性的藏在每個人的性格、價值觀裡。

除了從文字中刻畫每個求職者的特質之外，貫穿整本書的，還有現代求職與職場競爭不可逃避的壓力，書中甚至提到：「在競爭激烈的網路行業，玩命努力只是參加比賽的入場券而已」。

尤其在華人只許成功不許失敗的文化中，新一代工作者，被賦予的成功意象更加濃烈，背負複製階級使命的那群人更是，這一切在身為人資的作者筆中，都更令人印象深刻，似乎也提醒了在追求卓越的我們，回頭看看自己過往的行動軌跡，是否也帶點無奈。

除了激進的職場競爭，作者在面試中也遇過把工作當成「理想」的面試者，這讓在臺灣長期從事招募甄選與職涯輔導的我，相當有共鳴。把理想作為工作目標並沒有絕對的對錯，但這樣子的工作夥伴，在團隊中就會難以捉摸——因為世俗常見的薪水、職位和個人發展，就不會是追求理想的人所考慮的。

還有一篇故事也讓我相當印象深刻，〈平陽虎〉是關於中年主管轉職的過程，在臺灣這個中小企業占九〇％的國家，主管職的缺額，形成了僧多粥少的現象。

很多人年紀到了，應該要當主管了，但是上面或外面，卻沒有釋出這麼多的職缺，就算當上主管後想要轉職，也很難馬上就找到新工作，如果要屈就非主管職，就會變成「平陽虎」的處境。

很佩服作者的文筆，可以把這些面試的細節、情緒、情境和時間軸，都透過文字傳達清楚，這本書很適合在職涯感到迷惘的夥伴，看看其他人的轉職歷程，說不定會找到你的影子。

前言
誰脫穎而出、誰輾轉沉浮？我談完就知

命運是什麼？

對於這個問題，每個人有不同的答案。有人認為，人的一生是由某些神明，或者宇宙中某幾顆恆星的相對位置決定。在他們眼裡，命運是一種玄之又玄的東西。也有人認為人定勝天，命運就是自己這一生要打敗的東西。在他們眼裡，命運是一座等待征服的高山，翻越它，就是人的使命和存在的意義。

這個問題我想了很久。作為一個ＨＲ[1]，我會在工作中遇到各式各樣的求職者。

1 作者按：ＨＲ一般指人力資源——Human Resources 的簡稱，此處作為一種職業名稱，指企業中從事人力資源管理工作的人。

坐在他們對面，聽他們講述自己的故事時我會想，這些性格迥異、想法各殊的人為什麼走到了今天，又會走向哪裡？

到現在為止，我已經從業十年了，關於命運，我有自己的答案：「**人無法做出自身認知之外的決策，這就是命運的邊界。**」

有很多人認為，努力就可以改變命運。在這本書裡，你可以見到很多努力的人。有人在工廠裡辛苦幹活，炎炎夏日汗流浹背，他們很努力；也有人利用社交技能和人交換資源，創業開公司賺錢，從工作時長來看也很辛苦。

但要論改變命運的成效，後一種人的努力，顯然要比前一種有效得多。

我認識的那些工人們，從小就受到原生家庭的認知限制。他們的父母認為讀書沒有用，所以孩子小小年紀就被要求結束學業，到城市裡打工。錯過了接受教育的年齡和機會，今天的他們再努力、再有天賦（不只是性格，還有學業方面的天賦，你會在書裡讀到這樣的故事），命運也已經註定了。

因為人無法做出自身認知之外的決策，所以改變命運的有效嘗試中最重要的一項，就是用各種方式拓展自己對世界的認知。

在大多數時候，這並不是一件容易的事，因為每個人其實都活在各自的小小世界裡。你出生在大城市，理解的就是大城市的環境；出生在小城鎮，理解的就是小城鎮的生活。南方和北方、東部和西部、城市和鄉村，都有著各不相同的風土人情；父母從事的行業不同，孩子對於「工作」的理解也會截然不同。

長此以往，**年輕人都只見過世界的某一個角落。如果這個所見的角落裡沒有適合他的人生路，他就會茫然**。他會認為自己在這個世界上找不到喜歡的事情。其實那些他可能會喜歡的人生方向，他都還沒有見過。這很可惜。

對於這個問題，多年前我曾經在文章中給過一個建議，那篇文章的題目是「大學是人生道路博物館」。

在大學裡，你會遇見來自不同地區、不同家庭，主修不同科系，有著不同價值觀的年輕人們，以「同居」這種零距離接觸的方式一起生活四年，甚至更久。

如果認真觀察每個人的選擇，思考是什麼促使他走上了這一條道路，然後再看看他選擇之後的人生是一種什麼模樣，就可以累積大量舒適圈之外的人生樣本。**在這些樣本之中，很可能會有你原來沒有想到，但你很喜歡的事業方向和生活方式。**

我有一個很要好的朋友，就是因為羨慕某個學長的工作，畢業後自己也進入了那一個行業。到目前為止，他是我身邊為數不多能從工作中獲得快樂的人。

我不只見過他的此刻，還有多年以後的「結果」

那麼離開大學以後，我們還有沒有類似的機會，可以近距離接觸到觀念各異、性格不同的人呢？在我目前的工作中，就有很多這樣的機會。**我是一家企業的ＨＲ，在求職者投遞履歷時，我是公司裡第一個聽到求職者自我介紹的人。**相比在大學環境中，如今我接觸到的人生樣本類型更加多元，因為其中新增了一個關鍵的變數——年齡。我可以看見的不僅是人們年輕時的此刻，還有那個很多年以後的「結果」。

坐在我對面的，除了朝氣蓬勃的年輕人和深陷危機的中年人，也有深陷危機的年輕人和朝氣蓬勃的中年人；有還沒有畢業就創業的年輕老闆，也有年過四旬依然在不斷投履歷的打工人。

有人想要錢，有人想要愛，有人只想不受打擾獨自安穩的生活，也有人立下為生民立命的宏願。有人站在父母打下的江山上，百尺竿頭，更進一步；而另一群人則耗盡畢生心力，只為擺脫原生家庭如蛆附骨般的陰影。

作為一個作者，我想用文字呈現給讀者我看到的這些故事，呈現這個世上一個又一個的角落、一個又一個努力生活著的人。如此一來，書本前的你也就和一位HR一樣，遇見各式各樣的人生。

你可以在某些故事看到自己的影子，但那位主角可能做出了和你截然不同的選擇；你也可能讀到自己從來沒有想像過的生活方式，說不定那就是你想要的方向。

又或許，你從這些故事中收穫的不僅是方向，還有教訓。你可以看到某種觀念或者行為，會把人生引向某種無法改變的後果，因此提醒自己，提早跳出別人踏進過的陷阱。

更重要的是，我希望大家和聽到這些故事的我一樣，從他人的經歷裡獲得向前的力量——雖然很多時候，我們反而能從血淋淋的事實中，獲得不努力的理由，但我還是希望這一生至少曾經燃燒過，哪怕只有很短的時間也好。

正如上文所言，開闊視野、打破資訊繭房[2]，就有機會提供生活新的可能性！見眾生，才是最有效「扼住命運咽喉」的方式。這是本書存在的意義，是它有用的部分。然而，我寫作的目的不僅是有用，我還希望這是一本有意思的書。

我一直認為，現在人們把讀書這件事看得過於嚴肅了。很多人覺得看書就必須「有用」，必須學到一些什麼，否則就是浪費時間。

可是人的本性就是喜歡樂趣、厭惡枯燥，如果我們從一開始就把讀書設定為一個無趣、枯燥、只是有用的活動，那麼我想大多數人在勞累的工作之餘，會選擇拿起更能讓自己放鬆的手機，而不是打開一本書。

真正驅動人們努力的從來就不是意志力，而是樂趣本身。在本書的第三篇，有一個快樂女孩的故事可以證明這一點。

所以我還是希望，大家在內心裡把讀書、接收新的資訊看作一件好玩的、有趣的事情，不一定非要讓它們有用不可。如果你覺得讀某本書的體驗非常辛苦，那其實不妨換一些能讓自己覺得開心的書來讀。

就我本人而言，我就曾經從小說這種令人感到輕鬆、愉快的讀物裡獲得過對抗世界的力量和勇氣。雖然上文我說了很多這本書的「用處」，但也很歡迎讀者朋友用輕鬆的心態，把這些不同的人生故事當作一部電影來看。也因為這樣的想法，在寫作的過程中，我一直在留意把故事寫得更貼近生活一些，就像一個朋友在講一段故事。

我可以保證，這不是一本艱深晦澀的書，只是一本故事書而已，當讀者翻開它時，不需要抱著學習的心態。你可以喝著飲料、吃著零食，就像平時看電視劇一樣翻看；日後也可以和朋友說起書中的某個故事，作為茶餘飯後的話題。

人生裡很多事情是無求而自得的。當你不求非要學到什麼的時候，反而真的能學到一些什麼。很可能在未來的某一天，你才會發現自己當年讀過的書有什麼意義——就像我這些年一再感受到的那樣。

2 編按：Information Cocoons，由哈佛大學法學院教授凱斯・桑思坦（Cass Sunstein）提出，他認為人們關注的資訊領域，會習慣性的被自己的興趣所引導，從而將生活桎梏於像蠶繭一般的「繭房」。類似「同溫層」概念。

「歷史只是一個借鏡，你不是在書寫歷史，而是在寫自己。」這本書，是很多人的故事。這本書，也是我的故事。

如果你已經翻開書本讀到這裡了，那麼我可以說——一位面試官眼中的人生道路博物館，歡迎你的到來。

01

牧羊人

你為什麼來應徵？

「因為未來的丈人要我找一份穩定的工作。」

由於公司業務方向相對固定，在招募過程中，我很少能接觸到農牧相關大學和科系的求職者。所以看到鄭先生履歷上的學校名稱時，我下意識的就略過這份履歷──因為這份職缺的要求是候選人必須為「２１１」[1]及以上的畢業生，而我此前對鄭先生就讀的這所學校並沒有印象。

好在關掉履歷之前，我還是選擇去「雙一流」[2]學校的名錄裡檢索了一番。原來是我孤陋寡聞，西北農林科技大學同時出現在「９８５」[3]院校、２１１和雙一流的名單內，是農牧類專業極其出色的學校之一。

面試時我對鄭先生說，因為我對學校不熟悉，所以差點忽略了他的履歷。他笑了笑說：「你知道克隆羊桃莉嗎？」我點了點頭。

「中國的第一隻克隆羊就是在我們學校誕生的。有幾天我們上高等數學課時，它就在隔壁咩咩叫呢。」

接下來他又說了些學校的奇聞逸事，比如某個科系的實驗室裡培育出了紅色的奇異果，特別甜，在學校裡是種十分流行的禮物等。只不過，鄭先生主修的是公共事業管理，履歷裡也都是與人力資源相關的工作，這些對他來說似乎只是一些特別的經歷而已。

接下來我們就聊回了面試本身，不過沒想到關於羊的故事，竟然還有下文。

談到薪資待遇時，我照例拿著計算器給鄭先生演示薪資的組成。一般情況下，求職者在這個時候會特別集中注意力，但他的身體靠在椅背上，無論面部表情還是肢體語言，都給人一種他不怎麼在意這段對話的感覺。

這讓我著實有些訝異。尤其是此前在我們的交流中他曾提到，自己每個月的固定支出約一萬元人民幣（新臺幣四萬四千元）[4]上下，其中包括房租、車貸和理財定投。總之，對於一個每月不吃不喝都要支出上萬元的年輕人來說，對薪水數目漠不

---

1 編按：起源於一九九五年，針對中國高等教育發展實行的政策，其含意為「面向二十一世紀、重點建設一百所高等學校和重點學科」。

2 編按：中國自二〇一五年開始實施的高等教育政策，為世界一流大學和一流學科建設之簡稱。

3 編按：中國教育部為了建設世界一流大學、高水準研究型大學，而實施的教育計畫。此名來自於一九九八年五月，時任中央總書記江澤民在北京大學百年校慶上提出的想法；共有三十九所，如北京大學、清華大學等。

4 編按：本書皆以人民幣一：四．四換算為新臺幣。

關心更顯得反常，這成功引起了我的好奇心。於是這場一對一的面試向著閒聊的方向發展了。「你是還有別的收入嗎？」我問道。

他笑了笑說：「嗯，我養羊。」

做了十年的人資工作，我也不是沒遇見過有副業的斜槓青年。他們有開直播的、賣零食的、寫稿子的（比如我）、剪接影片的，當然，也有開淘寶店和做微商的……當我問出那個問題時，心裡已經有了一些預想的答案，但「養羊」著實是我沒有想到的。

「我的大舅有一片魚塘，之前一直閒置在那裡，前幾年大舅給了我。我就把它填了，蓋上圍欄，所以就有了地。

「大學的時候，雖然我主修的是公共事業管理，但學校的農牧科系實在是很厲害。我借了很多書，也請教了很多人，一點點學會了怎麼看羊的牙齒，怎麼捏羊的身體和四肢，怎麼判斷這隻羊體質好不好，適不適合繁殖。

「在養殖的過程中，我也會果斷淘汰掉病弱的羊，擇優育種。這些對我們學校的學生來說應該都是常識吧，哪怕不是學這個專業的，多少也會懂一些。

「老人、小孩和主婦，是羊奶購買意願最強的三個群體，我瞄準的目標客戶是村子裡的老人和小孩。他們的家庭成員非常注重健康，很願意為了他們付費。在我創業之前，村子裡也有養羊的散戶，他們是用碗接了羊奶就賣給客人，算不上什麼事業。所以我就另外花了一筆錢，訂購玻璃瓶和封口設備，把羊奶灌在瓶子裡封好再賣給村裡人。你想想，直接用碗接的羊奶和用瓶子密封後的羊奶，看上去完全是不同等級的東西。」

「當一個產品有了更高的附加值，就可以營造出產品本身高品質的效果，因為只有高品質的產品才配得上更高的附加值。」我想起了從前學過的知識。

「沒錯，就是這個道理。」鄭先生對我點了點頭：「另外，我和村裡的同行們不同。在現價下滯銷的羊奶我會倒掉或者拿去餵雞，避免打破供需平衡、壓低市場的價格。」

說著他提了兩句學校的課程安排。原來，公共事業管理科系也包含宏觀經濟學和微觀經濟學的課程，這些我在學校裡也都學過。只不過我畢業以後一直在人事崗位上工作，這些知識在我的工作中完全沒有任何用武之地，早就荒廢了。

「穩定」工作，是未來岳父的要求

工作職位不能匹配所學知識，是不少大學畢業生入職後的常態，我就是一例。而坐在我對面的鄭先生，選擇了一個和自身知識體系（畜牧知識和經濟學）完全匹配的領域創業。他並沒有去尋找符合自身技能的工作和環境，而是為自己「創造」了一個新的環境。

近年來大學生透過創業實現就業，一直是熱議的話題，但**大多數大學生是在缺少調查研究、行業經驗的情況下，悶頭直接栽進去，選擇創業的理由也大多是「不想替人打工」、「想要自由」。然而，他們的最終結果其實已經註定了。**

像鄭先生這樣，在熟悉的地區、熟悉的市場，利用熟悉的知識創業的案例，相當少見。尤其是此刻，這位養殖場老闆的履歷上，還寫著他有四年人力資源相關工作經驗，並且正作為面試者坐在一間國有企業的會議室裡。這種案例就更加少見了。

回應我的好奇疑問，鄭先生給出了一個聽上去比較合理的答案：為了結婚。

對於一些二十三、四歲的年輕人來說，婚姻可能是一件比較遙遠的事；可是對於鄭先生來說，這個問題已經有些緊迫。他和女友是高中同學，至今已經相戀多年，無論在城市還是農村，這樣的時間已經需要給對方一個交代。

養殖場初創期過後，模式定型、客戶穩定，他也就沒有什麼決策類事務了。於是把養羊的具體工作，交給閒在家的父親打理，想出來多賺一份薪水。

事實上，身為閩南人的鄭先生，還有一項近水樓臺先得月的獨特優勢——他有很多同鄉和朋友在製鞋行業工作。於是就和很多閩南人一樣，他也做起了運動鞋外貿的生意，透過在國外社交平臺上，廣撒網加好友這種簡單粗暴的宣傳方式，把家鄉的鞋子賣到了英國、美國、巴西、西班牙等各個國家。

當他終於說完自己所有的「副業」時，我對這份答案提出了新問題：擁有這麼多收入來源的他，似乎沒有必要從另一個城市開車出發，風塵僕僕的出現在這間辦公室裡，參加一份薪水並不高的工作的求職面試。他為什麼還需要找工作呢？

聽到這個問題，在剛才的所有故事中一直自信滿滿的他，第一次流露出一種無奈的神色。「其實，是我的老丈人非要我找一份『穩定』的工作，才同意我們的婚事。兩代人在價值觀上有巨大的隔閡，沒有辦法互相說服和理解，我老婆夾在中間也很為難。那我就退一步吧，來找份每個月有固定薪水的工作。」

原來，這就是他並不在意這份薪水的真正原因。**他不是為了錢，而是為了透過找到穩定工作，來獲得妻子家人的肯定。這是我很多次在年輕人，特別是在年輕男性口中聽到的煩惱**，事實上這也是一些年輕人選擇我們這家企業的原因。

鄭先生的職涯特立獨行，然而，以他傑出的能力，也還是沒能完全逃過世俗的枷鎖。或許，只要人們內心有珍視的、不能捨棄的存在，就難免為世俗所制，得不到完全的自由吧。

很反常，但一切都顯得合理

這場交流持續了兩個小時，告別時，我加了鄭先生的微信。他的頭像是他抱著孩子的照片，那孩子看上去大概已經有兩、三歲大了。其實幾年前他已經和女友在村裡辦了酒席，也生了孩子，只是兩人一直沒有領結婚證書。他說，這種情況在他老家還是挺普遍的。

所以，鄭先生是一個很多面的人。

一方面，作為一個名校畢業、知識涉獵甚廣的大學生，他有足夠的知識和閱歷確保自己的事業順利進行，也能夠意識到未婚生子的問題，但他依然選擇尊重長輩的意見，選擇遵從家鄉的傳統觀念和風俗習慣；另一方面，他又是一個很成功的創業者，在業務本身和經營領域上都有很好的表現。

考慮到統計資料中創業公司的存活率，他初次創業就能穩定盈利，已然取得了一個很不錯的成績；何況這位老闆創業時，只是一個沒有社會經驗的應屆畢業生。

在這場面試的結尾，鄭先生還暢想了一番自己公司未來的規畫。他說他已經找到了一個寫程式的團隊，準備用股份分成的方式，請他們寫一套自動化養殖的系統，再購置相應的設備，達到自動化規模養殖的效果。到了那時候，他的養殖場自然也可以擴大了，不用受到現在人手不足的限制。

「過幾年我爸年紀也大了，我想讓他輕鬆點，別幹體力活了。」他說。

最終鄭先生沒有通過第三輪面試，第二輪面試的成績也頗為勉強。他第二輪面試時我也在場，他在任何級別的主管面前，都展現出了對自身能力的強烈自信。比如直言之前的兩份工作，他都是在入職兩個月內就被上司賞識，因此得以越過主管直接向總監匯報工作，給人一種「這些基層工作對我來說不過是用牛刀殺雞」的感覺——而坐在他對面的面試官，正是他口中總是被越過的部門主管。

我能理解他自信的來源，但在也許**常常受到恭維的管理者面前，這顯然並不是明智的應對面試的策略**。我想，作為一個打拚四年的創業者和上班族，他應該知道這一點，只是這是一位特殊的面試者，他根本不渴求這份工作。

甚至，他的潛意識在驅使自己這樣一個自負的年輕人，用各種讓主管不舒服的表現，逃離這個死氣沉沉的環境。在第三輪面試結束後，鄭先生沒有和我告別就自行離開了，後來也完全沒有向我詢問過面試的結果。

我可以看出，他對這家公司和這場面試的結果毫不關心。對於大多數應徵者來說，這很反常，但在他身上，這一切都顯得合理。這個結果並沒有不好，對我們雙方而言，對方都不是正確的選擇。

最後我想說，這同時還是一個從中學時代相識，最終修成正果的愛情故事。世界很大，兩個人從農村來到不同的城市，看見不同的繁華，各自的人生裡人來人往，最終他們還能初心不負。

在他講述的故事中，愛情並沒有占據太多篇幅，似乎他們度過的漫長異地戀是件理所當然的事，在花花世界中堅定不移也是理所當然的事，旁人無須多言，也無須過多感動。

我覺得這樣的愛情也很好。比起轟轟烈烈的分合，這樣的愛情帶著一種自然而然的堅定。我們本來就是要一起走的，從前是這樣，未來也是這樣；無須在腦海中纏綿悱惻，也無須時常向人提起。就像你不會意識到重力或者空氣的存在，因為它們是被默認存在的。

我想像了一下被默認存在的愛情──那應該會讓人很安心吧！

02

突圍者

他在面試時說了謊。

但換作是我，也會這麼做。

小梁同學是一個不苟言笑的人。

我們第一次見面是在人來人往的校園招募會上。一名又一名學生坐在我對面的位子上開始自我介紹，有人聊到自己的學習成績，有人聊到自己的打工經驗，還有人聊到自己的科研專案或者實習經歷。

雖然有些同學還是略顯羞澀，但總體來說每個人都會盡量讓自己顯得健談。找工作嘛，同學們當然要盡可能展現自己。但梁同學是個例外。

他很沉悶，不怎麼說話。他坐下來，把履歷從桌子上給我們，說了兩句姓名、籍貫和主修科系後，就不再開口了。我只好自己低頭看履歷，他就坐在我對面，靜靜的等著我看資料。左右其他公司的攤位傳來熱鬧的交談聲，而我們這裡卻陷入了反常的安靜。

他的履歷很特別。大學畢業之後，他選擇從軍入伍，兩年之後才回到學校繼續讀研究所。當跟他同一屆的同學們已經畢業找工作時，他還在研一的教室裡學習。

我想起每年來到這所學校的時候，確實都會看到食堂門口拉著鼓勵大學生從軍的橫幅，現場就可以填表報名，也確實有不少同學前往諮詢。但我做了這麼多年的校園徵才，還是第一次遇到入伍歸來的畢業生。

但是，梁同學所在科系的學習難度非常大，上課和研究的節奏極為緊張。哪怕他如其他同學那樣心無旁騖的在校學習，為了科研專案還是少不了連續熬夜，甚至通宵。

另外，工作過的人應該都知道，如果上班兩年以後再回去讀書，學習的狀態和效率就完全跟不上了。我抬起頭問他：「當兵兩年沒有接觸專業知識，會影響你的學習狀態吧？」

梁同學遲疑了一下。然後語氣不確定的說：「可能……會影響一點吧？」然後就繼續沉默了。只經過一秒鐘的掙扎，他便說了實話，並沒有表現出任何想為自己辯護的樣子。我猜他也知道這麼說不利於這次求職，但一個不善言辭的人，應該也不太會說謊。

由於對方不太健談，我們沒有過多的交流，很快下一個排隊的同學就坐上了他的位子。但在我回到公司之後，梁同學的履歷卻被技術部門的主管選中，主管把他列為公司的招攬目標。

說來也是，他畢業於專業領域全國前三的名校，碩士研究方向又非常契合這個職位。從履歷上看，他顯然是合適的候選人之一。所以一個月後，我和技術部門的主管再次登上了飛往上海的飛機。

先去當兵，我才有錢讀研究所

這一次，我們除了要和梁同學本人更深入交流，還會透過與他的老師、同學訪談，進行背景調查。這類調查我們已經做了好幾年，在此前的每一場談話中，我們得到的都是老師和同學，對面試者清一色的好評，沒有一個例外。

一方面是因為這些同學本身就很優秀，但另一方面，也和調查選取的談話樣本有關。談話人的名單由求職的同學提供，求職者自然會選擇和自己私交較好的老師和同學參與訪談；而求職者的老師和同學，更沒有理由讓求職者應徵失敗。

所以**這一類訪談，我們通常只會聽到單純的讚美之詞。**如果我主動開口問這位同學有什麼不足之處，得到的回答通常只會是：「他學習太拚命了，不注重身體健康」之類的「缺點」。**而梁同學的背景調查，是唯一一次例外。**

第一個走進教室的是梁同學的輔導老師，是一位看起來大約三十五歲的男性。他坐下來，推了推眼鏡，沉思了幾秒，似乎是在搜尋記憶中和梁同學有關的印象。「嗯……感覺他性格比較內向，平時和同學都不怎麼交流，也不怎麼參加同學組織的活動。而且，他的專業能力也比較欠缺。」

輔導老師一來，連續幾點說的都是負面評價，至於正面的評價……似乎沒有。我和同事不由得對視了一眼，這是我們第一次遇到這種情況。

第二個訪談的對象是梁同學的導師，在他的描述中，小梁是一個非常努力的學生，因為當兵兩年，影響了學習，所以回歸課堂以後加倍努力追趕其他人，最終專業成績還算得上不錯。

導師就是導師，說話的方式還是更有水準一些，那些話雖意思到了，但聽起來就比較舒服。

接下來的幾位受訪者都是梁同學挑選出來的同學。但每一個同學都說，梁同學平時話不多，也不太和大家交流。大家能看得出他每天都很努力在學習，似乎憋著一股勁。同學們很少聽到他說話，或者見他用其他的方式釋放情緒。

大多數時間，梁同學都起早貪黑泡在自習室裡，或是跟著導師努力做研究，對於同學交流的話題、吃宵夜、玩遊戲之類的娛樂活動，基本都沒有什麼興趣。

在這些談話中，幾位同學也都說不上對梁同學有什麼深入了解，大家的形容都圍繞著一個詞——努力。這是這次背景調查，我們能蒐集到的唯一資訊。

最後，到了和小梁本人談話的環節。我問出了一直令我疑惑的問題：「兩年前你為什麼要選擇放下學業從軍呢？你肯定也知道這個科系的學習難度，中斷學業肯定會對你有影響的。你如果真的想當兵，也可以等研究生畢業以後再從軍呀。」

一旁技術部門的同事望向梁同學，這也是他的疑惑；作為專業技術人員，他比我更明白那兩年對梁同學造成的影響。

這回梁同學猶豫了很久才開口：「中斷學業不是我想選的，我沒有辦法。家裡人供我讀完大學，已經很辛苦了，我不能再向父母要錢讀書了。大學生當兵有國家補助，那些補貼可以付得起我讀研究所的學費和生活費。我如果要讀研究所，先去當兵是最好的選擇。

「我當然知道中斷學業再學習會很艱難，但這是對我來說最好的選擇了。讀這個科系壓力那麼大，我如果只是在學校兼職的話，不僅耽誤學習，賺的錢也還不夠我上學。」

我和同事對視了一眼，都不知道該說什麼。我們都習慣了學生要以學業為重，其他因素不能影響學習，但**如果影響學習的是生存問題，學習當然只能退居二線。**

和同學活在不同世界，因為他沒有退路

比起出去上兩年班再考研究所，從軍退伍後報考研究生還有一些優惠政策，對於完全沒有經濟來源的梁同學來說，這還真是他眼前最好的出路。

而且從政策制定者的角度看，這樣的政策也是為了鼓勵名校畢業的人才為部隊提供服務；這確實是一個雙贏的方式。梁同學出身農村，家裡的經濟條件很不好，

但父母依然供他一路讀完了大學。

他確實不是一個健談的人，因此沒有提及父母對他的期望，但我們知道對於一個學費都湊不出來的家庭來說，對生活捉襟見肘的父母而言，堅持讓孩子一路讀到碩士，是多麼艱難而又堅定的選擇。

據梁同學自己和導師的描述，他並不是一個天資聰穎的學生，期間又落下了兩年，因此學習起來更是艱難。要在人才濟濟的學校裡迎頭趕上同學們，他只有像之前的十多年一樣，咬牙努力，拚命堅持。

今天高考競爭如此激烈，家庭條件和教育環境，對學生學習成績的影響無庸置疑，而這也就不難理解，在這樣的一流大學裡，許多同學不說家境優渥，至少也是衣食無憂。

小康家庭的孩子們有餘力擁有的那些愛好，由這些愛好組成的各種話題——比如旅遊、遊戲、電視劇、攝影等，都離梁同學的生活有些遙遠。

他憂慮的問題和身邊的大多數同學不同，再加上他本就不擅於社交、不樂於社交，久而久之，他在求職訪談中的形象，就成了「活在自己世界裡的人」。

但如果你真的代入他的處境，會發現**他所有的精力都要消耗在應對生存壓力**，以及對他而言有些艱深的學業上。每個人的能量都是有限的，誰都很難面面俱到。更何況，「破冰社交」這類技能也需要長期學習和訓練，且這往往依賴於家庭提供的資源。**對於家境貧寒的學子來說，社交場合從來就不是他們與旁人公平競爭的舞臺**。

後來我看到了梁同學的成績單，他的成績也是中等偏上，可是在輔導老師的口中，梁同學卻被形容為「專業能力也比較欠缺」。我們知道在這個科系裡課程成績並不能代表一切，科研能力和個人素質才是重點，但輔導老師直接的用詞還是讓我們嚇了一跳。

站在老師的角度，讓同學順利找到工作也可以提升學校的就業率，我不明白他為什麼要在訪談中，對梁同學做出這樣相對負面的評價。

或許是某一次考試，或者某些同學的討論讓梁同學給老師留下了片面的印象，又或許是木訥且不善言辭的梁同學不討老師歡心，有什麼地方引起了誤會……至於真相到底如何，我們就不得而知了。

最終，我們還是決定錄取梁同學。他相對欠缺的社交能力，的確是我們的顧慮之一，畢竟在未來的工作中，他有很多場合需要和廠商溝通交流，甚至需要登臺演講彙報。不過，社交能力也只是一種技能，有辦法鍛煉和提升。

如果社交能力在將來真的影響到了梁同學的工作，我們都相信，以他一貫以來的拚勁，一定可以解決這個問題。

其實我們也有一些私心。大家都被梁同學的堅韌給感動，一致認為在他可以勝任工作的前提下，我們能幫一幫家庭條件困難的同學也挺好的，畢竟這個職位的薪水還算可觀。

做出錄用決定後，我們回到了公司，就等著第二年夏天梁同學來報到入職。沒想到大約三個月之後，就在我們準備和他簽訂就業協議書時，事情又有了變化。

梁同學打電話告知我，他已經決定放棄我們公司的邀約了。這時候我才知道，早在兩個月前我們為了他飛往上海，對他進行第二輪面試和訪談之前，**他已經報名並且通過了公務員考試的筆試，只是尚未面試，所以沒有「上岸」的把握**。

他一直都想考公務員，應徵我們公司只是他為了防止自己考試失敗，才備下的第二方案。如今他通過了公務員考試的面試和體檢，已經確定自己可以成為一名公務員了，才告知我們真相。

技術部門的主管得知了這個消息後有些不愉快，他說沒想到這個看似木訥的同學也會說謊，枉費我們為了他跑了那麼遠，做了那麼多工作。我一開始也有些情緒，認為如果他志在考公務員，當時就可以說出來，我們便可以把名額留給其他想要這份工作的同學。

後來我想想，也釋然了。**家境貧寒的梁同學之所以這麼做，正是因為他沒有退路**。等到公務員考試結果出爐時，大公司優質職缺的校園徵才早就結束了，到時候他再找工作就來不及了。

如果他提前在求職中告知企業真相，這些企業又會因此把他排除在錄用的人選之外。所以，在面試時隱瞞自己報考了公務員考試這一點，對梁同學而言，是唯一能夠確保自己畢業後有一份穩定收入的辦法。

這件事發生之後，公司裡好幾位相關的高階主管都表達了不滿。但我想，如果易地而處，沒飯吃的人是我們這些人，我們又能保證自己一定高風亮節，為了替應徵的公司考慮，而自己承擔失業的風險嗎？

梁同學在電話裡一直道歉說不好意思，給我們添了很多麻煩，我告訴他沒有關係：「不過，我們的薪水比公務員薪水高不少，你真的想好了嗎？」

「是的。」這時他倒是沒有猶豫：「我和父母都覺得，**比起一時的高薪，還是收入穩定最重要。**」

顯然，**梁同學是非常需要高薪的，但他卻選擇了最安全的選項，而不是以後可能賺最多的選項。**我能理解他。在我的童年時期，以及我大學剛畢業的那幾年，我的經濟狀況也經常捉襟見肘，那些日子給我留下了很深的烙印。以至到了今天，我對自己工作和前途的擔憂依然揮之不去，我總是擔心自己的人生會有垮塌的一天。

一頓豐盛的滿漢全席和每日三餐都有的一菜一湯，我會選擇後者。只有對從來不缺一日三餐的人而言，前者才會更有吸引力。我能看到的關於梁同學的故事，應該到這裡就結束了。

從十幾年前開始，就有很多人提「情商」這個詞，似乎一個人沒了情商，智商再高都是徒勞。但木訥的、遠離人群的梁同學，卻在逆境中一路靠著自己的努力，在不算公平的競爭中，讓自己和家庭都跨入了一個新的社會階層。

雖然我和他的交流不像和其他朋友那麼多，但我還是很替他開心。那個笑起來很淳樸的孩子，我希望他今後可以不像從前那樣辛苦。

03

快樂女孩

天賦，不是在某一階段才發生作用，

在你啟動某件事的第一秒，就能幫你拉開差距。

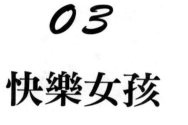

這篇故事的主角小白，是一個非常快樂的女孩。

我第一次見到她是在辦公室裡，她走進門，笑盈盈的揮手向我打招呼。我當時有點意外——**來面試時這麼開心的人還真少見！**

她的學歷、專業能力和面試表現都很出色，在她通過前兩輪的面試後，我領著她去找第三輪面試的主管；他剛好有事不在，小白便站在辦公室門外的走廊上等。

過了一會兒我又路過那個走廊，發現哪怕是獨自站在走廊裡等人的時候，抱著自己的作品集低頭神遊的她，臉上也依然掛著淺淺的微笑。見到我走來，小白還是樂呵呵對我揮了揮手。我被她快樂的情緒感染，上班的心情也不那麼壓抑了。

她的快樂情緒成功讓我忽略了一件事——這只是個應屆畢業的學生。許多應徵者在面試時，多少會有一些緊張，但她好像完全沒有。在面試前夕，這位同學唯一的情緒竟然就只是快樂而已。

最終小白順利通過了所有面試，快樂的回到人力資源部的辦公室，問我接下來還有什麼流程。我說沒什麼流程了，讓她等入職通知就好。

正好我要去茶水間，就和她一路往電梯走。在走廊裡時，我好奇的問她：「我很少見到這麼開心的面試者。為什麼妳總是很高興的樣子啊？」

「因為……」對於這個問題，小白似乎有點意外，停頓了一下，然後還是笑著回答：「可以上班了呀！很開心！」

我一時不知該如何應對這種熱情。大多數來面試的畢業生，都是把上班當成一件必須完成的任務來執行。**謀生當然是成年人要面對的首要問題，無論喜不喜歡、願不願意，你都必須工作賺錢。**

當完成任務成為一件無法選擇的事情時，人們通常就會感到不快樂。所以來面試和入職的同學總是表情平靜，和我們交流的時候也帶著平靜的禮貌——大家都需要平靜的說服自己接受這個事實。

我的確也遇到過熱愛工作的面試者，比如後文中另一篇故事裡的小江。但小江給我的感覺是一種無欲無求的淡泊感，和「可以上班了呀！很開心！」這種雀躍著的期待感，還是有著很大的不同。

「那妳為什麼這麼喜歡這個工作呢？」我問。

「嗯……因為我上學的時候就是學這個的呀。」小白的大學和研究所都畢業於名校，讀的是建築設計。

「那……妳上學的時候為什麼喜歡這個科系呢？」我繼續問道。

「因為創作很快樂呀！」小白笑呵呵的伸出手比劃著：「你想想啊，那個地方本來只是空地，然後你看著一棟大樓突然就出現在那裡，最後可以和朋友們說那個是你畫的，多有成就感呀。」

天賦會從努力的第一秒，就開始作用

原來小白是很享受創作喜悅的人，這可以解釋她的好心情，但我的疑問並沒有完全解答。因為在這些年的工作中，我接觸過很多建築設計師，其中大多也是應屆畢業的學生，而我在他們的身上，並沒有見到過這樣極富感染力的快樂。因為設計行業的從業者非常辛苦。

我認識一個同樣就讀於設計類科系的同學，她曾經告訴我，有一次她堅持畫圖到深夜兩點，實在熬不住了，只好上床睡覺。第二天她驚恐的發現，她的進度是全班最後——因為除她之外的同學都通宵趕工了。

在她們的科系，這種強度的任務並不只是一、兩次而已。我們知道，如果一份工作的強度實在太大，大到影響了人正常的飲食和睡眠，那麼身體所累積的疲憊感也會反映在情緒上。筋疲力盡的人是沒辦法快樂的——快樂也需要力量。

我對小白說了我的疑問，也講了這個學妹的故事給她聽。小白歪著頭想了想，回答說：「可是我沒有覺得很累。」難道是不同學校的教學強度有差異？我心想。

我又問道：「那妳的同學，有需要熬夜甚至熬通宵畫圖趕作業的嗎？」

她又歪著頭想了想：「有的……還挺多的。」

「但妳不需要這麼辛苦。妳花更少的時間，也能產出和同學一樣的成果。」

「不，我的成果還要更好一些。」小白笑嘻嘻的說著，雖然她似乎想要委婉一些，但眼裡有明顯藏不住的自信之色。我知道她所言不虛，她在履歷上羅列了足足十二次獲得獎學金的經歷。

我經常聽見有人說：「以你的努力程度，還不足以和人拚天賦。」**那是因為他**

們完全不知道天賦產生作用的方式。一個人的天賦，並不是在努力達到一定階段時才開始生效，**天賦是在一個人努力的第一秒就開始作用的。**

天賦的範圍也不僅僅在於學習效率、產出速度和可以抵達的上限，更重要的是，**天賦決定了正回饋產生的頻率，而這可以影響人工作和學習時的心態。**

我們都學過「知之者不如好之者，好之者不如樂之者」這句話，但**只有真正在某個領域鑽研過、和同行有過比較的人，才能知道「樂之者」成長速度的恐怖。**

小白就是這樣一個「樂之者」。在建築設計這個競爭白熱化的行業，當別人咬緊牙關、燃燒健康拚搏時，她只是如遊山玩水一般，愉快的賞玩這一路的風景。這就是天賦的力量。天賦不僅意味著悟性和效率，還意味著良好的心態和健康。

「妳應該有感覺到自己很聰明吧？哪怕是在聰明人聚集的名校裡？」

「嗯……有的。」小白似乎想謙虛一下，但最終撓了撓腦袋，還是不好意思的說出了實話。我們倆都笑了。

「對了，建築設計也有細分不同領域。我看妳選擇了古建築方向，這個方向相對小眾，妳為什麼會喜歡這個方向呢？」我繼續展開好奇之旅。

「哦，這個嘛……因為我喜歡玩遊戲。」說到遊戲的時候，小白本來就神采奕奕的大眼睛更亮了。隨後她似乎意識到，這好像不大適合作為和ＨＲ交流的話題，於是止住了話頭，不繼續往下說了。

我們早就走到了電梯間前的走廊上，我原以為只會和小白閒聊兩句，就一直抱著那個水壺，打算等小白離開以後去裝水。但聽到這個答案的時候，我把水壺放在了地上。

「什麼遊戲啊？」

「就是一些古風的單機遊戲呀，《古劍奇譚》、《仙劍奇俠傳》……。」小白猶豫的說了幾個例子，然後很快就得到了我的熱情回饋。

「《仙劍奇俠傳》妳玩到第幾代了？」

「從第四代開始，到剛出的第七代都玩了。」

「我只玩了第五代前傳……我也很喜歡玩《古劍奇譚三》，妳玩了嗎？」

「玩了！玩了！」

至此小白終於確認，眼前這位ＨＲ是自己的同好。隨後她開始熱情講述一些關於遊戲的話題，比如前幾天她第一次在地鐵站的牆上看到了《仙劍奇俠傳七》的廣告宣傳，為此興奮了好幾天。

我非常理解她的心情。電玩遊戲玩家在社會上是一個小眾的、不被理解和接納的群體，而在快節奏、注重社交的手機遊戲流行的今天，我們這些喜愛劇情的單機遊戲玩家，更是小眾中的小眾。

我們在各自的人群裡都很孤獨。也正是因此，一旦在職場中遇到一個喜歡單機遊戲的同好，就足以讓我們興奮不已。

「你玩遊戲的話，我就很容易和你解釋啦。」小白顯得比剛才更開心了：「我因為喜歡這些古風遊戲，所以就讀了這個科系以後，就更能欣賞遊戲裡的建築風格了。我覺得它們特別漂亮。因為我是學建築的，我就想著，要是我也能設計這樣的房子就好了，於是就選了這個方向啦。」

我聽著她眉飛色舞的講述遊戲裡的建築，一種惺惺相惜之感油然而生。她不是唯一一個因為電玩遊戲而開啟了新人生方向的人，站在她對面的我，也是因為一個遊戲而開始寫作的。

直到今天，電玩遊戲依然被視為洪水猛獸，很少有人願意聽它改變了人生的故事——但我也已經過了需要被多數人理解的年紀，知音難覓，人只要有一、兩個知己就已經很幸福了。

我問小白是什麼時候開始玩遊戲的？她說從很小的時候就開始了，然後描述了她高三那年，把一張遊戲光碟放在書桌前，一邊看著它，一邊努力寫作業的場景。

小白的父母也不限制她玩遊戲，反而和她一起玩，這種寬鬆的家庭氛圍降低了電玩對她的誘惑，因為它並不是一個不能觸碰的禁忌。對於觸手可及的小小甜頭，孩子不至於為了它不顧一切的追逐，但如果把這個甜頭變得特別遙不可及，那也許會適得其反。

只不過，也許小白的父母能擁有寬鬆心態的前提是，他們知道以自家女兒的資質，玩遊戲並不會影響學習。平心而論，我們也不能苛求每個家庭的父母，對孩子都有同樣的信心，只能再一次感嘆，**孩子的天賦甚至能夠反過來，對家庭教育產生正面影響。**

小白熱情的笑容打斷了我神游的思緒，她又說起了和爸爸一起打遊戲的往事。

我們就這麼站在電梯間一路聊了下去，身邊的同事們來來往往。有兩個同事路過我們的時候，不解的看了看我隨手放在地上的水壺。

隨後我們的話題，又從遊戲回到了這份她剛剛找到的工作上，因為我驚訝的發現，直到通過第三輪面試之後的今天，她依然沒了解過這份工作的具體薪水。

實習——應屆生最好的擇業武器

「哎呀，薪水嘛，大概有聽說一點，就差不多那樣嘛！」小白大大咧咧的揮了揮手，似乎對這件事並不太在意。

這可不能不在意呀……也許她有非選擇這家公司不可的理由？我想著，於是問她：「這次找工作，妳有考慮過其他公司嗎？」

「有的。」話題從遊戲轉換到擇業的時候，小白難得稍微收起笑容——但其實她還在微笑：「**我去了很多公司實習，要嘗試過，才知道自己適不適合那份工作。**」

她說：「我先去了深圳那邊一家很大的設計公司，那裡的設計案都很時尚，但沒有我喜歡的古建築設計，所以我幹得不開心，就放棄啦。

「然後我去了地產公司當甲方，對，就是設計師最討厭的，老要他們改提案的甲方……但是工作一段時間以後我發現，他們公司的企業文化就是職場PUA[1]設計師，而我就是負責不斷否定設計師的作品和想法。我很不喜歡自己變成這個樣子，所以也就放棄了。」

我想了想，要讓這個總是快快樂樂的女孩去否定別人、打壓別人，也的確是難為她了。

「最後就是你們這家公司啦……規模還可以，比較穩定，主要是工作內容是我喜歡的類型，所以我就沒想那麼多工資的事啦。」小白總結道。

小白的求職過程，其實是一個教科書式的應屆生擇業範例。透過諮詢和上網查找得來的評價和資訊，或許是真實的，但提供資訊者的評價標準和感受，並不一定

1 作者按：Pick-up Artist，原意是指「搭訕藝術家」，後來被廣泛用於形容透過一系列手段，對人實行精神控制。

和自己一樣。

職場老人跳槽時沒有「實習」這個選項，只能盡可能透過各種管道打聽資訊，但應屆畢業生還是有空間付出這些成本的。應該說，小白同學不僅在專業上很有悟性，在擇業的時候也同樣聰明。

後來我們又站在電梯間裡聊了很多；她說了很多自己和同學的往事，而我也聊了幾個和應屆生同學交流的故事。期間我提到了多年前，我遇到的一位畢業於業內一流名校的建築學碩士。和小白不同的是，那位同學非常厭惡建築學這個科系，**他之所以會讀到建築學碩士，都是因為被他身為建築設計師的父親強迫的。**

但是，當他研究生畢業開始找工作時，他終於意識到自己將要一輩子從事厭惡的工作了。於是就在校園招募的那幾天，他做出了決定：自己要報考哲學博士，從頭開始。作為招募人員，我見證了那幾天裡，他從求職到放棄求職的心路歷程。

「他這麼討厭建築系成績還那麼好……好厲害呀。」小白歪著頭，似乎想到了一些自己的學習經歷，然後給出了這句感想。

眼前就是一個建築學高材生，我終於有機會問出自己一直很好奇的問題：「我問妳啊，妳覺得建築碩士畢業去考哲學博士，能考上嗎？這兩個學科好像沒有什麼關聯吧？」

小白神情一肅，收斂了笑容，仔細的想了一下，然後說：「其實是有關係的。我的物理學得很好，數學一直學得很差……但我知道，物理學的盡頭是數學。就像建築學的盡頭是哲學一樣。」

兩個年輕人，一個快樂、一個痛苦；一個熱愛建築學、一個厭惡建築學；一個留在我的回憶裡、一個站在我的眼前。

但當回憶裡那個男生說「我要考哲學博士」時的眼神，和小白聊起專業領域，熱烈的眼神重合的時候，我忽然有一種感覺。他們雖然最終選擇了不同的道路，但如果有機會相識，應該會成為很好的朋友。

04

校園企業家

她還沒畢業就已經創業，

偏偏父母勸她放棄，先找份穩定工作再說。

作為HR，你很少會遇到在面試剛開始的前三分鐘，就自揭其短的應徵者。大家都是出來找工作的，無論真實實力如何，總是會盡量把自己包裝得好看些。但小林同學是一個很與眾不同的人。

我是在一場熱鬧得有些擁擠的徵才會上遇見她的。那時這場徵才會已經開始了三個多小時。我好不容易等到面前的求職者們散去，剛脫下口罩喝了幾口水，就看到一個穿著正裝的長髮女生，拿著履歷站在不遠處，眯著眼睛，望向我身後看板上的職位介紹。

接下來的兩分鐘，她一直站在原地，保持眯著眼睛盯著看板的姿勢。見她看得很辛苦，我對她招了招手：「同學，妳過來看嘛，走近點。」

我以為這位小女生只是因為內向所以不好意思上來攀談，沒想到我剛一開口，她就大大咧咧的走過來坐下，把手裡的履歷遞給了我。並且三五句話之間，她就提到自己的成績不是很好，專業科目只有多少多少分，可能沒辦法勝任這個職位……彷彿我只是和她閒聊的一位同學，而不是招募現場的人員。

我帶著狐疑繼續看她的履歷，在工作經歷中的職務一欄裡，寫著四個字：法人

代表。我以為我看錯了，又回頭去看她的畢業時間，她的確是今年的應屆畢業生。

「我只是想隨便找份工作啦。」女生語氣輕快的補充道。

「所以妳是一家公司的老闆？」

「是的。」

「公司的主要業務是？」

「做專案、寫程式。」

我對她所說的「專案」沒有明確的概念，小林想了想，給我打了個比方。

她說之前自己的團隊，做了一個《王者榮耀》這類手機遊戲的租借帳號網站，玩家可以選擇租一個遊戲帳號來遊玩。比起自己儲值買齊外觀造型，租帳號可以用便宜很多的價格，享受基本上一樣的遊戲體驗，於是很多玩家趨之若鶩。

這個故事我是在二〇二〇年聽到的，當時手機遊戲還沒有被相關政府部門嚴厲打擊，如今看來，這的確不是一個能長久的生意。

「這個網站一天的營業額，十三萬元。」小林說著，伸手比劃了一下「十三」這個數字。

「一天？」我看著那個手勢愣了一下。

「但妳還是一個在校學生，並且所學專業和公司業務並沒有任何關係。」

「是的。」她點點頭。

於是我提出了疑問：「可是員工成本從哪來呢？」

這個問題是作為人資的第一反應。招聘員工對企業首先就意味著成本，代表著薪水和勞、健保，而這家企業的老闆只是個學生。

「招學生呀。學生可便宜了。」小林的語氣一直很輕快。

「能有多便宜？嗯……這樣吧，打個比方。比如一個專案十萬元，學生做完能拿到多少？」我問她。

「那就要看他們知不知道這個案子有十萬元了。」女孩眨了眨眼睛。

「如果他們不知道呢？」

「那就給個幾百塊錢吧。」她嘻嘻一笑。

「啊？」我和邊上的同事面面相覷，一時都不知道該說什麼好了。

我們都在高中社會課上學過「剩餘價值理論」[1]，也知道我們的工資比起公司的利潤微不足道，但當這樣兩個懸殊的數字，就這麼輕快的說出來時，還是讓人覺得震驚。

比賽獎金不是目的，拓展人脈才是關鍵

這位女生創業成功的關鍵就在於，**同樣身為校園裡的在校生，她可以靠自己在社會上的人脈，接到各種程式設計的案子**。這就是她能當老闆，而其他同學給她打工的原因。

可是，一個學生上哪能獲得這麼多能給她提供專案的資源呢？這時招募會已經接近尾聲，會場很多公司的HR同行已經開始吃上了會務組安排的便當。而我把便當推遠了一些，餓著肚子聽這位年輕的應屆生老闆，慢慢講述她的校園創業史，因

1 編按：指勞動者被資本家剝削的勞動價值，這些被剝削的勞動價值最終成為資本家的利潤（產出的勞動價值和工資的落差）。

為我很少能聽到這樣的故事。

故事是從小林弄丟了一部手機開始的。

小林雖然家境不差，但丟了貴重物品，再怎麼好的父母也會說兩句。小林想買新手機，又不想讓父母唸叨，正好學校在舉辦一個行銷大賽，獎金有幾千元，她就想報名試試。

這是一個比拚創意的產品設計比賽，小林想到了一個產品的點子，但作為一個環境工程科系的學生，對於寫程式這件事她是一竅不通。好在學校的科系分類，已經把學校裡的人力資源打上了現成的技能標籤，她很容易就能找到有對應技能的「員工」。

她找到了資工系一個會寫程式的同學，花了幾百塊錢，讓他用程式來實現自己的想法。這是她雇用的第一個員工。

和我們想像中的不同，這種行銷比賽的產品未必需要量產，學校的主要目的還是以鼓勵學生的創新意識為主，因此對程式要求其實並不高。在同學，或者說員工的幫助下，小林拿下了這次比賽的獎盃。

後來，她又用同樣的模式，拿下了後續無數個校園比賽的獎項，比如智慧安全帽等產品還取得了實用新型專利，她還獲得了全國創新標兵等國家級獎項。

履歷上寫到這一行的時候，她的身分已經是一家公司的聯合創始人了。作為參賽的在校生，她和她的團隊成員並不是同學關係，而是雇傭關係。對於小林來說，獎金和榮譽都是次要的，**參加這些比賽的目的是拓展人脈**。

敬個酒，很難嗎？

作為在校的學生，她**只有在這樣的賽場上才能踏出舒適圈，接觸到能夠替自己帶來機會的人群**。學校舉辦這些產品創意的比賽，通常都會邀請一些業內知名的專家和企業家列席評委，也只有真正在商場上打拚過的人，才有評論一個新產品前途如何的經驗和底氣。

對於這些聰明可愛的年輕學生，前輩們通常也不吝傳道解惑。很多比賽結束之後學校還會舉行晚宴，評審們和參賽同學都能出席。而在酒桌上應酬，對長輩說些漂亮的場面話，更是小林這個商人家庭出身的孩子，從小在耳濡目染之下養成的特殊優勢。在一次又一次的賽後指導和一場又一場的慶功宴中，她慢慢累積起了自己的人脈資源。

聽到這裡，我不由得思考了一下自己能否做到這件事。結論是，這就是我最不擅長的領域。包括我在內，我認識的很多性格內向的年輕人，在酒桌上總是很不自然。身邊的人熱情的推杯換盞，口中的敬酒詞花樣翻新、滔滔不絕，而我只能坐在自己的位子上默默吃菜。

作為一個ＨＲ，我自然已不像小時候那樣對社交感到有壓力，但酒精讓所有人都面色潮紅且無比亢奮的氣氛，依然讓我很不舒適。

在小林說到應酬能給她帶來人脈時，我坦言我做不到和她一樣，她卻用一種很困惑的表情看著我說：「敬個酒，很難嗎？要個微信，很難嗎？」其實這不是我第一次聽到這樣的問題了。

我曾經是個很內向且性格彆扭的人，不光是在酒桌上，在很長一段時間內，和陌生人說句話都是我需要打起精神才能完成的任務。有個和我一起長大的朋友就對此很不理解，他也問過我很多次：「這很難嗎？就上去打招呼就好了呀！」

這位朋友和眼前的小林一樣，出身於一個商人家庭。我可以想像小林在前輩們面前，表現出的自信和熱情的模樣；因為同樣的表現，我也在朋友的父母身上見過。朋友家聚會時會有意識的帶上孩子一起，讓孩子從小就學著應酬，學著對陌生人說熱情洋溢的場面話，學著迎來送往。再後來，我漸漸在朋友身上也看到了他父母的身影，同時朋友也對我發出了一模一樣的疑問：「敬個酒，很難嗎？」

知識是可以終身學習的，**性格和氣質卻很難在成年以後改造，它們的形成只能依賴於天賦的基因，以及幼年時期的耳濡目染。更重要的是，機會並不會等你長大醒悟過來，完成自己的訓練以後才出現。**

比如，對於小林的商業模式來說，機會就只在她在校學習的這幾年而已。在這個年齡，大多數年輕人還沒有踏入社會，沒有善於抓住機會的性格和技能。

小林在少年時期的成長過程中，就依靠家庭環境完成了「準備」，因此才有抓住機會的可能性。機會屬於有準備的人，但並沒有人規定，準備只能靠自己。

在父母眼裡，學生創業只是小打小鬧

萬事起頭難。人脈就像一張網，只要找到了幾個突破口，後面就可以呈指數級爆炸。小林經歷了前面幾次的成功之後，她的人脈和專案資源像是滾雪球一般越來越多。

而在公司內部，她也在實踐中慢慢摸索出了一套用人之道——我不得不再次提醒自己，當時身為公司老闆的她，依然只是一個大三的學生。想想我大三的時候，還在每家每戶敲門發問卷，掙幾千元的生活費呢。

她用一份很高的薪水雇用了一名全職的、有專案經驗的程式設計師，讓他帶領著這些只需要幾千元、一萬元就願意接單的學生寫程式；**於是小林得以避免身為老闆的自己，陷入外行領導內行的困境**；同時，她為了保證程式的品質，這些按項目結算薪酬的員工，都是名校的在校生。

而對於產品上線後的客服類非專業職位，她不會設學歷和學校門檻，對此她是這麼說的：「這樣成本更低。」

聽完她的大略講述，我不由得再次感嘆天下之大，能人之多。這家初創兩年的公司，其中一個專案的單日金流就達到了十三萬，比我上班一個月的工資還高出不少。這樣的專案，也不知道她的公司過去曾有多少，未來又能有多少。

我們驚訝於一個十萬元的案子，在校的學生只拿幾千塊錢的工資。但想想我們自己的公司掙了多少錢，我們的薪水又有多少？如果要說薪水占公司盈利的比例，我們可能也不比那些打零工的大學生多賺多少。

關於創業的故事，她說到這裡，我已經有了個大致的了解。只不過我還有一個疑問：這場談話發生在一個招募會的現場，一個月入六位數的小老闆，似乎沒有任何出現在這裡的理由。

對於這個問題，方才在講述中一貫自信滿滿的女孩，第一次流露出一抹無奈的苦笑。「我爸爸媽媽讓我來的。」她搖了搖頭，嘆了口氣。

在我們這些年輕打工人的眼中，眼前的女生已經是無可非議的成功人士。她在校園裡達到的月收入，有的人可能一生都無法企及。但在她的父母眼中，女兒創立這家公司只是小打小鬧而已，工作不夠「穩定」，所以，兩位家長還是要求她必須找一份穩定的工作。

建議來自見識，才有理性討論的空間

「穩定」是這個時代的父母，最喜歡向孩子提出的建議之一。和大多數視野和閱歷有限的父母不同，這位小女孩的父母恰恰是在商業上比她更加成功的前輩，他們經營著一家頗有規模的醫藥公司。他們認為做一些小產品，或者給某個遊戲做一個租借帳號的平臺，有點不太靠得住，和實業相比未必可以長久。

在寫這個故事的二〇二一年，中國開始對向未成年人出租遊戲帳號的業務嚴查嚴打。事實證明，在商海打拚了二十年的小林父母，又一次抓準了社會的脈搏。

為女兒的將來著想，林同學的父母還是希望女兒，在國有企業或者大公司找一份穩定的工作，這至少能保證女兒不餓死。儘管以小林的家境，是不至於真的餓死，但她的父母，還是想為孩子籌謀萬全。

對於父母對自己的干涉，小林也沒有那麼反感。她愉快的抱著履歷，和同學一起來到了這場人擠人的招募會。除了上來三句話就和面試官坦承自己的專業能力不足外，她確實大致上聽從了父母的建議。

她說，雖然她和父母的價值觀不盡相同，但她和父母之間的關係非常好。她的父母也會認真傾聽她的想法，然後和她一起分析其中的優劣，並非只是單純強制孩子做某件事情。

這也印證了我的一個結論：**如果父母的視野和閱歷不足，那麼孩子更容易對他們的干涉產生叛逆心理**。成年的子女已然在自己的閱歷之上，總結出了自己的價值觀，他們並不認同更大的年齡意味著更高的權威。

如果父母非要憑藉年齡和身分，強迫子女做某件事，家庭矛盾反而更可能因此激化。相反，**越是具備多元化閱歷的父母，也越能包容自己不了解的領域**。

當他們給孩子提供建議時，孩子也能意識到對方的建議，不僅僅來自年齡的增長，更來自勝過自己所見所聞的見識和視野，於是孩子更容易理性思考其中的得失。在雙方都能包容不同看法的情況下，家庭成員之間反而可以減少隔閡。

就算排除「職業發展建議」的價值，把家庭視為後盾與港灣的人，和把家庭視為刀山火海的人，應對人生百態的心境也是完全不同的。能夠從家庭中獲得慰藉的人，當然有更多在社會上披荊斬棘的力量。

這只是原生家庭給人造成的影響中，一個很小的部分。還是那句話，**父母們無須擔憂孩子輸在起跑線上之類的問題，因為父母就是起跑線本身**。無論是在經濟條件，還是就閱歷和觀念而言都是如此。

這場「面試」，最終以小林勸我在內容創作上開拓影音領域結束，她認為我作為自媒體人，當然應該追趕已經明確的風口。我很羨慕她的熱情和活力，如果易地而處，她一定會比我更努力也更優秀。可惜，對我來說，是心有餘而力不足。

其實在我身邊，已經很少見到發自內心快樂的人了，少數會感到快樂的朋友，也都是因為自身無欲無求。像林同學這樣熱愛自己的事業、熱愛自己的家庭，並且能在努力工作中獲得自我實現的人，近幾年我很少遇到了。

在這場和創業的大四學生的談話之後，我想起了很多人、很多事。

我想起了同樣讀大學時，為了打零工賺生活費，而放棄實習機會的自己，想起了上文提到的那位開朗外向的朋友，想起了之前那位為了湊足學費中斷學業從軍的小梁同學，想起了某個被父母強迫放棄了高中學業的學霸小哥，還有這本書裡提到的很多人。

既然性格決定命運，性格又由天賦和成長環境決定，那麼人的命運是否從一開始就是確定的？比如，既然都說知識改變命運，那麼決定一個人能接觸到多少知識的外部因素，是否也就間接決定了這個人的命運？

我一直以為人的際遇是隨機的。人生是一個巨大的複雜模型，其中的變數太多，所以命運是無法預測的。但最近有個朋友告訴我，天氣原本也是無法預測的，因為全球天氣也是個巨大的複雜模型——直到今天，超級電腦破解了這個模型的規律。

那麼，命運無法預測，是否也是因為人類的計算力有限？人們堅信未來的人生會有無數可能，是否是因為今天人類的計算力，還無法理解命運的龐大規則？

這些問題當然不會有確切的答案，但或許，可以幫我們放下一些註定徒勞無功的，對自己的期望吧。

05

無面人

不管你是內向或外向，都能創造新的性格，

讓這個人造角色代替你和世界相處。

在上一篇創業故事裡，小林外向熱情的性格是她突破的關鍵。性格外向的人的確能在職場上獲得更多資源，更容易成為競爭中的勝利者，這也意味著性格內向的人更容易經歷挫折。

人一直遭受挫折，就會陷入焦慮，就會自我懷疑。我也收過幾次讀者的留言，他們問我內向的人要如何和社會相處？有一位讀者，她這些年一直因為性格內向不被人喜歡，覺得社會對內向的人格外嚴苛。

她說的的確是事實，因為這也是我多年以來遭遇的困境。在小林的故事裡不便過多展開，所以我另外寫下這一篇文章聊聊這個話題。

這是一本講述各式各樣人生故事的書，而這次我要分享的故事的主人公，是我自己。我從小就是一個內向的人。在很長一段時間裡，和陌生人破冰交流，一直會給我造成很大的心理壓力。中學時代，這種性格讓我處於人群的邊緣；剛開始工作時，我在職場上更是寸步難行。

對於職場新人來說，所有同事都是不熟悉的、不一定喜歡自己的陌生人，所有的請教都需要人際破冰。而我面對巨大的社交壓力，往往寧願自己琢磨，嘗試一個人解決問題。

一個什麼經驗都沒有的年輕人，能想出漂亮的工作方法嗎？並不能。於是工作就被我搞砸了，反覆多次的搞砸。其實只要我多開口問，所有前輩、同事都能替我解答，但我就是不敢問。

很多勵志的雞湯文章都說過：內向沒有錯，人要接受真實的自己，不要被他人的評價所左右。道理是對的，我確實認同。內向只是一種性格類型，性格不存在對錯之分。但只是「接受真實的自己」，並不能解決具體的問題。

大部分人都會透過他人的評價，來定位自己；如果因為工作反覆出錯而不斷被質疑和否定，甚至拖累同事，我是很難說服自己繼續「做自己」的。雞湯很正確，但幫不到我。

對此，我找到的解決方案是：角色扮演。**我是內向的人，我無須改變真正的這個自己，我也做不到。但是，我總見過外向的人是怎麼和人交流的吧？**

我會回憶一下身邊某個熟悉的外向的朋友（一定要是具體的某個人，不能是籠統的「外向的人」，那樣的人設太不精確），想像那個人如果遇到眼前的情況會怎麼做，然後試著在工作和生活中扮演另一個人。

在學校出糗，沒人在意，但若反覆搞砸工作……

我一直沒有正面寫過這段經歷，因為它聽起來有些「中二」[1]，不像一個正經嚴肅的人生建議，而且這個方法並不輕鬆，過程也會很漫長。

其實我在大學時，就會開始扮演其他人了。我仿照著外向的人面對陌生人時的熱情，參加各種學生社團；我甚至報名了「校園歌手」大賽，舞臺上我那災難性的三分鐘，十年後還是同學間的笑談。

這只是我遇上的其中一次挫折，事實上在這個過程中，我經歷了一次又一次的難堪、尷尬和不知所措。我想說是限於篇幅才不展開細說，可其實是我在抗拒回憶那些片段。那絕對不是什麼愉快的經歷。

但後來我明白了，大家都很忙，沒有人會真的在意你出過的糗。當你總是用外向人格和他人社交時，你能感覺到在他們眼中，自己真的就是那樣一個新的形象。

這種外界回饋的認同感會加強我扮演的信心，一切水到渠成。但我的困境並沒有結束。當我從校園踏入完全陌生的職場中時，由於需要重新破冰社交，劇烈的恐慌導致我沒能維持住新人格的外殼。

我又回到了自閉、拒絕交流的狀態，然後如上文所言，我很快得到了教訓。職場和校園的不同之處在於，**你在學校裡出糗，沒有人在意，但你反覆搞砸工作，砸掉的就是自己的飯碗**。

我意識到，我必須演回那個角色，因為我需要生存。我開始重新嘗試大學時候的角色扮演。一個外向的人遇到問題時會求助，會積極與同事交談，以及，他是沒有理由推拒HR這份工作的，因為他熱愛社交……。

於是二〇一二年秋天，同事眼裡外向的我，第一次代表公司到學校徵才。那天來面試的同學一定不知道，對面的面試官其實比他們還要緊張得多，緊張到整個胃

1 編按：最早源自於日本「中二病」，指正值青春期的中學二年級，為了想要表現，經常做出自以為正確的舉動。

都縮了起來。由於劇烈的胃痛，我要很努力才能維持直立的坐姿。

我已經不敢再忘記扮演了。**我不斷回想另一個人會怎麼應對這個環境，會用怎樣的神態、語調和肢體語言應對某個問題。當我完全載入了他人的性格之後，緊張感就一點點退去了。**

等到招募會結束，我收拾東西準備離場時，胃已經不再劇烈疼痛。這兩個多小時，大概是我後來許多年的縮影。我在陣痛中不斷的扮演，想像另一種人應對人和事的樣子，用一個漂亮的面具和人交流，參與競爭。

但我內心其實清楚知道，我一直是一個內向的人，這一點還是沒能改變。因為區分內向和外向的辦法，並不是看一個人是否擅於和人交流，而是看社交對於一個人而言，是「充電」還是「耗電」。

哪怕面試時我看起來很健談，但我能清楚感受到社交過程對我精力的消耗。往往工作五天之後，連續兩天週末我都完全不想出門，不僅會推掉好友邀約的飯局，就連和朋友連線打遊戲都提不起勁。

我只想自己待在家裡，一個人讀書、看劇、打遊戲，充好電應對下一週的社交。我依然是一個內向的人。但當我熟練的扮演另一個人之後，這個人造的外殼，幫助我在這個社會上生存了下來。

讓人造角色，代替你和世界相處

今天，我仍然能不斷感受到內向性格造成的不便。比如在和人打字聊天時我總是很緊張，因為我如果無法得知對方的語調和表情，探知不到對方對我的真實態度，就會變得不敢說話——我稱之為「文字社交障礙」。

比如我在疲勞時就沒有辦法進入角色，導致別人偶爾還是會撞見反應遲鈍、表情呆滯的我——那個真實的我。

對了，作為一個微博博主，我還經常有話想說但不敢發微博，因為我很害怕面對說話沒有回應的尷尬，哪怕在網路上也一樣。但因為有了個外向的外殼，我能夠勝任我的工作，能夠養家糊口；擴大的社交圈，也為我後來的寫作事業提供了非常大的幫助。

這本書裡的大多數故事，是在我熱情和他人交流的過程中獲得的。只有你足夠熱情、親和，對方才會對你敞開心扉。另外，如果我未來要創作小說，腦海裡也會有很多性格各異的人物原型。這些都是另一個我換來的。

我們一直在討論社會競爭有多激烈，但從來沒有人保證這競爭是絕對公平的。天賦、身體條件、家境和家境導致的不同心態，外向或者內向的性格，都是比賽裡的不公平因素。

這個社會對於內向的人的確是不友好的，因為內向的人獲取的資訊和資源會更少。在很多時候，資訊就是事業的命脈。

我知道這些都很難改變，你不能改變自己的家境，也無法改變自己的性格。但你可以「創造」一個新的性格、一個新的自己，當你在一次一次的扮演中越來越熟練後，**在某些你需要的時刻，這個人造的角色會代替你和這個世界相處，讓比賽變得更加公平一些**。

這是我個人對於「內向的人要如何和世界相處」，這個問題的答案。

還是那句話，一切收穫都有代價。在不公平的比賽裡追趕那些天生外向的人，要經歷很漫長的痛苦。如果你覺得自己已經很快樂了，你的能力足以讓自己活得很好，那維持現狀當然沒有問題。

但如果內向的性格已經給你帶來困擾，或者如我曾經的處境一樣，內向的性格影響到你在職場上的生存，那麼當你想解決「內向的人要如何和世界相處」的問題時，其實不妨考慮一下扮演另一個人。

內向沒有問題，這只是一種性格的類型。但在這個認知的基礎上，作為需要生存的普通人，我們還是需要解決具體的困境。是的，「扮演」需要經歷一個痛苦的階段。**如果我主動擁抱了某一種痛苦，那必然意味著，我在遠離某種更大的痛苦**。

生活嘛，說來說去無非一句話：兩害相權取其輕。

“Fake it, until you make it.”（假裝一切，直到你成功。）

06

孤勇者

從小的環境教會了她，拯救自己的唯一出路，

就是長期的、極強的執行力。

在第四篇〈校園企業家〉的結尾，我得出的結論，這一篇故事的主角應該不會贊同。我並不是在面試中認識張女士的，而是因為工作需要用到電腦管理軟體，所以我才認識了她。

張女士來自一家網路公司，這家公司的人力資源管理軟體，是所有同行中的翹楚，他們的銷售人員也展示出了遠超同行的專業能力。在那次接洽過程中，我們相談甚歡，因為聊得愉快，自然而然約了中午一起吃個小炒。

我們走出辦公大樓，聊天的氣氛一下子輕鬆了起來。與其他行業相比，網路企業的氛圍和規則截然不同，張女士對於國有企業職員的薪資待遇很好奇，我們就交換了一下薪水的數字，以及其他一些資訊。

二十九歲的張女士年薪已經達到了一百五十萬，在當下，這個數字代表著年輕有為。我們在聊到這些的時候，張女士的臉上逐漸現出了倦容。她說，她昨晚一夜沒睡。

「半夜躺在床上，各個專案需要完成的事項、不同客戶的喜好和需求、團隊和個人的考核壓力……各式各樣的念頭在大腦裡彙集成嘈雜的聲音，我根本沒有辦法入睡。」

讓我驚訝的是，剛才張女士向我們介紹公司軟體時，整個人狀態熱情洋溢，說話條理清晰，絲毫看不出她在前一晚失眠了。換作是我一夜不睡，恐怕第二天走路都在飄。

這是我最近觀察到的身邊成功人士的特質。他們或許天賦、家境、價值觀等條件各異，但有一項天賦是所有人都具備的，**那就是在長期高強度工作、少休息甚至不休息的情況下，依然可以保持充沛精力的身體素質**。

當我們談到天賦時，往往把天賦理解為智商和領悟力，但能夠承受高強度勞動的身體條件，同樣也不可或缺，甚至是更加關鍵的天賦——畢竟任何一項事業，都需要投入大量時間。

早幾年我遇到這些事業有成的同齡人，還會為了「你的同齡人正在拋棄你」而焦慮。不過，在去年因為過勞病了半年之後，現在的我只會想，這個職位的一百五十萬元，不是我能掙的錢。

當然，在競爭激烈的網路行業，玩命努力只是參加比賽的入場券而已。一個人能連續升職加薪，必然還有其他因素共同作用。在大多數的成功案例中，是家庭為初入社會的年輕人提供了最初的閱歷和視野，所以我一直認為社會競爭並不是一個公平的比賽。

但張女士給我的答案，完全出乎我的意料。這個女孩真的只靠自己一路拚到了今天。「只靠自己」的意思是，早在她高二那一年，父母就切斷了經濟支持，包括學費和生活費。因為高二那年她十八歲了，理論上已經成年，所以父母毫不猶豫的放棄了她。十八歲之前的童年，對她來說，也並不是什麼美好的回憶。

爹不疼娘不愛，讀書是唯一自救的辦法

張女士生長在一個典型的重男輕女農村家庭，從出生開始就被父母和奶奶視為多餘的存在。酗酒的父親對年幼的她打罵不止，而同樣遭到家暴的母親，則一如既往的對這一切視若無睹。和那些望子成龍的父母不同，除了打女兒時，她的父母在

其他時候根本無視這個女兒。

「從我三、四歲開始，爸媽就很少回家了。他們每次回家，只是在餐桌上丟一些錢，讓我自己上街買吃的。」她如此描述自己的童年。

全家唯一疼愛這個小女孩的只有她的爺爺。爺爺心疼孫女挨餓受凍，想把孫女抱回家照顧，為此和孫女的奶奶發生了激烈爭吵。她的奶奶認為，對一個女孩何必那麼上心？讓她自生自滅就是了。最後，奶奶竟然因為這樣而和爺爺離婚了。

有時候，女性反而才是重男輕女更堅定的支持者，真是令人唏噓。爺爺終於把小孫女接回了家，接下來，張女士度過了童年最幸福，也是唯一幸福的一段時光。但好景不長，在她三年級的那一年，唯一愛她的爺爺去世了。一個九歲的小女孩，要一個人面對之後的所有難題。

聽到這些時，我便想自己九歲的時候是什麼樣子——偷偷玩遊戲，想吃炸雞，樂趣是玩電動、收集餅乾裡的小卡片……家庭的存在，給了我一份我覺得理所當然的安全感，幼小的我無須去想一些和生計有關的問題，比如「今天晚上有沒有飯吃」——當然，在我的認知中，這原本也不是九歲小孩應該考慮的問題。但是，這是張女士九歲時每天都要面對的問題。

「沒有飯吃，就只能餓著囉。」她說。

我們只聊了一頓午餐的時間，在張女士短暫的敘述中，我並未聽到她對那段童年生活的抱怨。她沒有流露多少情緒，只是平靜得像一個講故事的旁觀者那樣，緩緩描述著自己的生活。

「每天一個人上學、一個人回家、一個人寫作業，生活裡只有一件事情：努力讀書，讀到天昏地暗。」

我問她：「那時候妳才上小學，是怎麼知道一定要讀書的呢？我九歲的時候還挺貪玩的。知道讀書很重要，是在長大以後的事情了。」

「你如果生在那樣一個家庭裡，又失去了唯一可以依靠的人，那麼自然就會知道，讀書是唯一救自己的方法。」張女士答道。

小時候的她是一個很聰明的孩子，我指的不是智商上的天賦，而是對人生和社會規則的理解能力。我也見過一些家庭環境惡劣的孩子，他們中很多人因為年少時沒有父母管教，荒廢了本該讀書的時間，如今過得很是辛苦。

俗話說窮人家的孩子早當家、早懂事，可是依然有很多家庭條件不好的孩子，因為沒有得到足夠的引導和教育，而走上了歧途。但這個故事的主角是一個非常懂事的孩子。**她在還是個小學生時，就洞悉了唯一拯救自己的道路所在，並且十年如一日的努力。**

在幾乎沒有任何閱歷，也沒有得到任何人指導的童年時代，看清自己唯一的出路，並且有長期的、極強的執行力，在這方面，張女士是真正意義上的天才。對於她當時的處境而言，這份令人驚嘆的悟性比智商要重要得多。

面對家暴，冷落我的媽媽也只是個可憐的女人

在父親的暴力、家人的冷落中，張女士獨自頑強的生活著。高二那一年，父母以她十八歲成年了為名，徹底中斷了她的生活費。

「那學費怎麼辦？」我問她。

「去超市打兩份暑期工，就夠湊齊學費啦。」

我們都知道，真實的情況顯然不像她說的那麼輕鬆。好在中國的大學教育費用相對平價，讓張女士這樣的孩子還有改變命運的機會。

考上北京的某所大學之後，她的人生開始步入正軌。已經成年的她有了職業發展方向，有了一些朋友，也遇到了屬於她的愛人。但哪怕堅強如她，也無法擺脫來自原生家庭的陰影。

在目睹了父母十多年，只有暴力和冷漠態度的婚姻關係之後，張女士對於婚姻這種親密關係也出現了本能的警惕。在大學畢業之後，與她相戀多年的男友向她求婚，感到恐懼的她卻直接選擇了分手。

「我真的很愛他，可是也真的很害怕……」

和方才描述自己童年時冷靜的她不同，此時的她眼裡亮晶晶的，語氣都有些許的顫抖。她反覆強調自己對前男友的感情，但始終沒有辦法說服自己跨過婚姻這道坎。

我明白她的感受，**越是在家庭中沒有獲得足夠關愛的人，成年後就越是渴望愛情和陪伴。**那次分手對張女士而言堪稱撕心裂肺。她是一個很聰明的女孩，正如她了解這個世界的規則一樣，她也了解自己失戀之後會做出什麼舉動。

分手時，她告訴男友，自己一定會千方百計哀求他與她複合。她懇求對方，無論自己之後如何哀求、如何哭訴，都不要回頭。男友答應了，他也做到了。

後來的很長一段時間裡，張女士反覆找男友複合，次次哭紅了眼睛，但男友一直沒有心軟。花了很長時間才走出失戀陰影的張女士，在同事的介紹下認識了現在的丈夫。

「其實我們第一次見面的時候，我不覺得這個男的有什麼特別……只不過我是個戀愛腦，特別容易被別人的付出打動。那時候他對我真的很好，而且很溫柔，每天對我噓寒問暖，卻從來沒有要求我給他對等的回報。

「我只是覺得和他在一起很溫暖，並沒有很多經濟方面的考量，而且他一直對我很好，我們就這麼繼續談下去了。那時候我已經加入這家公司了，薪水足夠維持比較寬裕的生活。我不需要男方的房子、車子給我安全感，我自己就可以給自己提供安全感。」

直到兩個人談婚論嫁，男朋友帶著她回家見父母時，她才得知了男方的家庭條件——男朋友家是拆遷戶，在廈門島內有五套房。

補充說明一下，作為土地有限的島嶼城市，廈門島內的房價每平方公尺（一坪約三．三平方公尺）大多在二十五萬元以上，每平方公尺售價四十萬元以上的房產也不少。我聽到這裡的時候，差點被這個轉折閃到了腰。

更難得的是，男方父母對這個兒媳婦非常疼愛，這甚至讓習慣了重男輕女家庭氛圍的張女士有些不適應。老倆口把市中心最大的一套房給了小夫妻當作婚房，她在提到這套房的時候，嘴角忍不住上揚。

「三個陽臺上都種滿了花花草草，我看著就特別開心。」她笑呵呵的對我說。

「妳是想強調，那套市中心的房子有三個陽臺吧？」我也笑道。

準岳父母對女孩一視同仁，男朋友把她捧在手心呵護，這一切慢慢融化了張女士對婚姻的戒備和恐懼。她說上一段感情結束之後，她以為自己會單身很久，沒有想到還來不及反應，幸福就忽然砸向了她。

我想，從九歲開始，獨自一人走過那麼漫長的黑夜的她，當然值得這樣突如其來的幸福。畢竟命運已經虧欠她太多太多了。

在一頓午餐的時間裡，張女士給我講述了她的故事。她在說故事的過程中，語氣和神情一直是平靜的，似乎被父親家暴、母親出走、爺爺離世、度過十年如一日孤苦的寒窗，這些都是發生在別人身上的事情，而她只是一個轉述別人故事的人，並沒有抱怨過什麼。與之相對的是，她反覆強調令她痛苦的事，是和初戀男友分手時日日以淚洗面的那段往事。

「那段日子真的很難過，如果不是遇到了我的丈夫，我可能一輩子都未必走得出來。」

痛苦來自失望。她知道前男友真的愛她，所以懷抱著希望。當希望被打碎的時候，她會痛苦。父母對她造成的傷害她一筆帶過，那是因為她早已對父母不抱任何希望了。她從一開始就知道，只有自己才能救自己。

現在的張女士在經濟上已經比較寬裕了，於是經常買一些金銀首飾帶回家送給母親，因為她知道母親很喜歡這些東西。

「妳不恨她嗎？那麼多年裡，妳被父親家暴時，她一次都沒有保護過妳。」我問她。

張女士沉默了許久：「她也只是一個可憐的女人罷了。」

至於她的父親，在故事結束之後，她一句都沒有多提。正如他忽視了這個女兒一樣，女兒也忽視了這個父親。隨著這個男人漸漸老去，總有一天，他會為自己的所作所為付出代價。所謂是非善惡的果報，其實也就是這麼簡單。

故事講完，午餐也吃完了，我們拿起包包各自回公司上班。走到分岔路口時，我問了她：「既然父母的婚姻讓妳恐懼結婚，那小時候的遭遇，會不會讓妳也害怕生小孩？」

「當然會。但我老公很喜歡孩子。他從來不催我，但他看著別人家孩子時的那種眼神，我怎麼會看不出來呢？我的公公婆婆也很喜歡孩子，但他們也從來沒催過我一句。唉，家裡人真的都蠻好的。」提到生育的話題，張女士顯得很是苦惱。「我再想想吧，反正也不急。」最後她說。

我很喜歡這個故事，一個小女孩獨自向整個世界宣戰，最終改變了自己的人生。在我見過的故事裡，一個人能在沒有得到任何支援的逆境中，依然保持她的勇氣、毅力和決心，這非常少見，而命運也為她安排了值得的回報。

並不是所有人，都擁有你的那些「優勢」

但關於這個故事，我們雙方也有一些不同意見。我認為人的一生是由很多因素共同決定的，個人的主觀意願和行為，對結果只能造成很微小的影響。甚至就連個人的意願和觀念這些內因本身，都要取決於基因、教育環境、家庭環境等外因。

所以，因為沒有達到某個結果就苛責自己或他人不夠努力，是一種歸因上的錯誤。正如《大亨小傳》（*The Great Gatsby*）中所說：「**每當你想批評別人的時候，要記住，這世上並不是所有人，都有你擁有的那些優勢。**」

在這本書裡，就有很多個可以佐證這個觀點的真實案例；然而，張女士堅定的認為，一個人沒有過上想要的生活，唯一的原因就是自己不夠努力，其他所有的原因都是自己找的藉口。佐證這個觀點的是她本人一路打拚的經歷。

幼年被家暴、無依無靠、父母完全不負責任，甚至不支付生活費……她說，所有這些原生家庭的問題，都不能成為自己碌碌無為的藉口，這是她對自己一以貫之的嚴厲要求。

對於這一點，我認為她閱讀社會規則的能力，正來源於她所擁有的優越條件。畢竟不是每個成長環境糟糕的孩子，都能在童年時期就看清，努力讀書可以為自己帶來的改變。

這份悟性，只能被稱為天賦——沒有人告訴過她，也沒有人引導過她，這是那個缺失了家庭教育的九歲女孩，自己得出的結論。

我不能再說了，畢竟張女士此刻不在這裡。當時在飯桌上，我們就這個問題沒有達成共識，只是以求同存異的心態結束了這個話題。而此時，既然對方辯友沒有機會發言，那麼我的發言也就到此為止。

至於這個問題，我想每一個讀者都會有屬於自己的答案。

07

不在乎待遇多少的人

「沒關係，薪水不重要！」

來上班只是為了獲得樂趣，不是她謀生的手段。

我曾經讀到一篇故事，寫的是一個女孩生日晚宴上的事。女孩對著燭光蛋糕許願，希望朋友們都身體健康、天天開心。朋友們叫她許和自己有關的願望，女孩想了想說：「我沒有願望想實現啊，我對一切都很滿意。」

看到這篇文章時，我突然想起了面試時遇見的一個女孩小江。因為她，我得以想像那種無欲無求，對現狀很滿足的淡泊心態。在年輕人普遍焦慮，也常常把焦慮傳遞給我這個面試官的今天，我對那一次與小江的交流印象尤為深刻。

在與小江聊薪資的階段，我就發現了，她是一個很特別的求職者。「妳對這份工作的薪水有一個期望值嗎？」我問道。

小江猶豫了一下，試探性的回答：「兩萬二……到兩萬六？」這個答案讓我很意外，因為這個職位的平均月薪可以超過六萬七千元，是她預期的三倍。

在面試中，求職者把期望月薪盡量報高的情況很常見，但只報市場價的三分之一，這還是這麼多年我遇到的頭一回。要是公司的ＨＲ照著這個薪水，就這麼和小江簽了合約，這位同學豈不是吃了大虧？

何況，通常像這種專業技術領域的畢業生，在找工作之前應該已經向學長、學姐們了解過薪水的大概範圍了，對行業的收入水準應該會有個基本概念，小江怎麼會有這麼大的預期誤差呢？

「我也問過同科系的畢業生，幹這行收入差不多就是這個數字啊。」對於我的疑問，她是這麼回答的。

看來我們兩個人對行業從業者的收入認知，有很明顯的分歧。溝通了一番才知道，我們討論的根本就不是同一個地區的情況。

我希望在世界上，留下一點不會消失的東西

小江因為大學和研究所都在臺北讀書，所以說話時帶著一些臺灣女孩特有的口音，加上語速總是慢悠悠的，給我一種很特別的感覺。

我斟酌了很久要怎麼描述這種感覺，如果要說我的主觀感受的話——她有一種什麼都不想要、懶洋洋的感覺。我們出來工作，大多是為了謀生。她如果對錢無所

謂，又是為什麼要到一家公司應徵呢？

「因為我喜歡啊。我從很小的時候就想成為設計師了。我的外公是畫家，我的父親是建築師。他們都是可以指著一個什麼東西說『這是我的作品』的人，我想這應該是一種榜樣吧，在很小的時候我就見到的榜樣。

「人的一輩子太短了，世界又這麼大。**我希望我能在世界上留下一點不會消失的東西。**」

我很喜歡這個答案，這可以被稱為「理想」，**理想是一個在現今社會已經很稀缺的東西。但我不認為沒有理想是一件錯誤的事情，因為有很多人根本沒有選擇。**

遊戲玩家之中有句俗話：「活著才有輸出。」每個人的精力有限，當理想暫時不能讓自己填飽肚子時，人只能先把精力耗在「活著」這件事上。比如在找工作時多跑幾次面試，看看哪一家公司可以給自己更高的薪水。

我真正羨慕小江的是，對她而言，理想和現實是可以重合的，她的能力和才華可以確保這一點。當小江聊到她在校期間出國旅行的經歷時，我終於忍不住問了問她的經濟來源問題。很顯然，她習慣的這種生活水準，並不是用兩萬塊錢月薪可以維持的。

「剛才沒有和你說吧？我是一個樂隊的成員。」小江還是慢悠悠的說。作為設計師，她只是一個應屆畢業的職場新人，之所以在面試現場可以無視薪資多寡，是因為她不僅是一名設計師。

找工作是雙向選擇的過程，不同類型的人，也會因為自己的性格偏好，選擇不同的企業和職業。我們公司氛圍相對傳統，選擇應徵這裡的年輕人，通常更在意穩定性和安全感，是性格相對保守和內斂的一群人。至於樂隊成員，我只有在各種螢幕上見到過。他們肆意、張狂、熱烈——那些音樂似乎是他們將青春燃燒之後迸發的光芒。

所以，當小江在會議室裡告訴我她是一個樂隊的成員，而且還是在國內巡迴演唱的樂隊成員時，我感到非常意外。兩種完全不同的人設，竟然在同一個人身上重合了。

雖然她後來補充說，她在樂隊裡負責其他工作，並不是登臺演出的角色，但按照人以群分的規則，她至少和樂隊裡的其他成員是同類人。

小江和其他的樂隊成員是在學校裡認識，最初大家只是湊在一起玩音樂，玩著玩著就小有名氣了，各種音樂播放軟體的榜單上都有過他們的歌，她多少能有點分成。再加上一場巡迴演唱會的門票收入就能達到近九十萬元，對她而言算是一份很不錯的收入了。

說著她拿出手機打開了一個音樂軟體，遞給我看：「喏，這是我們的歌。」

對於面前的這個女孩，我似乎又多了一點了解。和其他所有應徵者不同，她出現在這家公司，只是因為覺得這家公司的專案項目有意思。**工作只是她獲得樂趣的過程，而不是她謀生的手段**。

當然，如果一個人能夠從某項事業中獲得樂趣，那最終這個人一定能掙到錢，正如小江和她的樂隊那樣。這種無心插柳柳成蔭的例子，我已經見過很多了。大家可以**觀察一下身邊的成功人士，會發現他們都是真的熱愛工作，而不是被迫工作**。熱愛迸發出的能量，能夠使人獲得的成長，遠遠不是用意志力強迫自己努力可以相比的。

小江似乎是一個沒有願望的人，或者說她的身上，沒有包括我在內的大多數年輕人身上那種，對某個目標很急迫的渴望。那種渴望會讓人產生焦慮，但小江並不是這樣的人。因為她想要的一直都能實現，而對於不能實現的事，她平靜的心也不會有任何波瀾。

其實，人生哪能真的永遠隨心所欲呢？如果不是因為二〇二〇年席捲全球的疫情，眼前這位履歷極為出色的碩士生，此刻應該在歐洲的某個學府中攻讀博士學位。但她在說起這件事時，語氣裡並沒有任何一點遺憾之意——「我現在這樣也很開心呀！」

就連她那跨越整個太平洋的異地戀，她也沒有特別想尋求一個結果。她理所當然的相信，無論未來如何變化，相愛的人還是會永遠在一起，她沒有任何擔憂的必要。因為聊得意猶未盡，告別的時候，我們一路走到了公司大門口。

最後我提到我是個寫書的人，她頗感興趣的說：「那我們還算同行啊，我是個寫偵探小說的作者，也有一些出版管道，如果你想出書，我可以幫忙。」

沒想到，我面前站著的不僅是一位設計師、樂隊成員，還是一位我的同行，一名寫小說的作者。我有一種感覺，如果我們繼續聊下去，我還可以從這個女孩身上看到一個又一個新的，她熱愛著的身分。

寫下這篇稿子時，距離那次面試已經過去了一年多。我的同事告訴我，過去的一年裡，小江同學已經踏遍了一百多個鄉村。我覺得，如果她也寫一本見聞類的書，一定會寫得很精彩。如果我們還有聊天的機會，我會這麼建議她的——她本來也是一位作家嘛。

08

叛逆者

人活著就是為了體驗，所以我叛逆。

周先生是一位教管理學的老師。我是從同事的口中聽說他的——而且是先後從很多同事的口中聽說的。那段時間同事們熱情的推薦我，去上一門專案管理學的課程，理由是教這門課的周老師講得非常好。

我很詫異。對於已經遠離校園很多年的我來說，「學習」是一件極為遙遠、一想到就覺得需要勞心勞力的事情。

作為職場人，我們當然會在工作中不斷獲取新的資訊，這是我們成長的方式。但是要每天加班的我們放棄週末走進課堂，著實是讓我們有些為難了。所以我很訝異。聽同事們的描述，這門課吸引他們的還不是知識本身，而是這位周老師的個人魅力。

我自己也是讀管理學出身的，只不過讀完大學就出來工作了，兩年的專業課其實我只能算是學了個皮毛。在同事們的慫恿和好奇心驅使下，我也踏進了周老師的課堂。

他很年輕，這是我對他的第一印象。後來很多女同事都很好奇他的皮膚到底是怎麼保養的。他的講課風格熱情而又風趣，臉上總是帶著親切笑容，課堂上也時不時因為他的幽默而爆發出一陣陣笑聲。這是我聽了兩節課以後的感受。

以及，當我翻開講義看到他的履歷時，才知道他出身大型網路公司，有過自己帶團隊的管理經驗——可他在課堂上幾乎沒有提及。經常參加培訓的同學應該能明白我的意外之情。

在科技廠超過三十五歲，考績自動降低

在成年人的課堂上，老師並不像在校園裡那樣具備天然的權威。為了獲取成年學生的信任，很多培訓講師都會在課堂上，花費大量時間吹噓自己的成就，可是周老師並沒有。

這大概是作家的一種職業病，特別的人總能引起我的好奇心。在第三次上課的課間，我約了老師吃飯，並坦言我正在寫一本關於職場故事的書，希望能記錄他的故事。他欣然應允。

我寫這篇文章時是二〇二一年，過去十年間加入網路大廠[1]的員工正好踩在行業起飛的風口上，年薪上百萬的從業者隨處可見。

所以當我了解到他的職業生涯之後，就有了第一個疑惑：當年二十出頭的他就已經加入了大公司，那麼幾年前，**為什麼要從正在起飛的風口退出，選擇當一名老師呢？**

這時課間休息時間馬上就要結束了，對於這個問題，他只留給了我一句話：

「你們都把大廠想像得太美好了。」

「你們都」。看來，這也不是他第一次遇到問這個問題的人。在後來我們一起吃飯的時候，我才等到了這個問題的完整答案。從網路行業退出，並非完全出自他個人的決定。

周老師在大廠一直工作到二十八歲，成為一個團隊的領導者，薪水豐厚，看起來前程萬里。但也就是在這個時候，二十八歲的他突然發現，公司裡除了管理層，似乎很少有三十五歲以上的員工。

後來他一打聽才知道，一般情況下，員工在三十五歲時，就要和公司簽訂無固定期限的勞動合約；與此同時，三十五歲的員工由於健康狀況和家庭因素，往往不如二十多歲剛畢業的年輕人那樣能加班、肯加班，**所以公司會在員工接近三十五歲時，就想辦法把這類員工趕出公司，招聘新的年輕人來替代。**而把員工趕出公司的方法，自然就是冠冕堂皇的績效考核了。只要是快到三十五歲的員工，主管就會故意把績效打得相當低，你只能被動離職。

他說到這裡，我忽然想起去年底，我另一個在網路大廠工作的朋友忽然接到主管通知，說今年他的績效墊底，讓他儘快在公司裡找新的部門接收，否則年底就得自動離職。

我的朋友覺得莫名其妙，因為他的業績在部門裡顯然不屬於後段班，最終他把這個結果歸因於：異地辦公導致和主管人情疏遠。

「是的，這也是大廠的另一個問題。」周老師聽完這件事以後點了點頭，又問我：「他幾歲了？」

1 作者按：指具有較大規模、知名度，薪資較高的網路公司。

「三十二歲。」我想了想答道。

周老師臉上浮現出一種「你懂的」的表情，然後繼續低頭吃了兩口菜，似乎對這類事已經司空見慣。話說回來，周老師既然已經意識到這段職業生涯的結局，那麼自然也不會坐視。

傳授知識，也是知識變現的途徑

我們這些局外人覺得在公司上升期離開是不明智的，但對於局內人而言，這件事他們根本沒有選擇，這就是他對於第一個問題的回答。

他開始留意合適的工作機會，最終也如願跳槽到了另一家大公司，管理一個三十多人的大團隊。對於在這家公司的短暫經歷，他沒有多談，當我問及時，他只是冷冷吐出了四個字：「狼性文化。」

也是在這個時候，我注意到了另一個細節。在課堂之外的場合，周老師和人交談時的狀態，和課堂上能量滿滿、滿面春風的狀態完全不同。似乎課堂上的那個是他的另一個人格，當他走出教室的時候，就會切換回原本的樣子。

我不知道這是因為他在情緒、能量耗盡之後暫時黯淡了下來，還是因為課堂上那個熱情奔放的人格，是他為了工作需要而製造的面具，類似前文曾經提到的角色扮演。但我確實沒有在其他老師身上，見到過這麼明顯的反差。

周老師接著講述他早期的職業生涯。**無論是在網路大廠，還是新創公司，周老師工作的最大壓力都是來自複雜的人際關係。**員工們各自站隊，管理者拉幫結派，人們為了小團體的利益相互猜疑、攻擊，根本沒有人在意工作本身的價值。

對付這錯綜複雜的人際關係，周老師覺得身心俱疲，作為管理者的他，面對林立的山頭束手無策。他開始反思自己的困境，是不是因為不具備足夠豐富的管理學知識而造成，於是他開始參加在職的管理學培訓，想從書本中找到破局的方法。

他沒有從知識中找到破解複雜人際關係的方法，但透過這次學習，他的確找到了一勞永逸解決問題的方式。

在某次和課程老師交流的過程中，老師先是問了問他目前的薪水。得到答案之後，這位業內資深的老師建議他：「不如你也來當培訓老師吧？你能賺得和現在一樣多。」

然後他就辭職了，跟著老師學習專案管理的知識，最後將知識傳授給學生。看起來這決定是有些倉促，但只要知道他之前的心路歷程，就會知道這是他已經等待已久的機會。

在這門課的最後一節課上，周老師告訴我們，掌握一門知識的最好方法不是死記硬背，也不是定期複習，而是你得試著把自己學到的知識掰開揉碎，然後講給別人聽。

只要你能講得清楚，別人聽得明白，那就說明你對知識的掌握，已經完全到位了。如此說來，今天身為講師的他，已經超額完成了當年為自己設定的學習任務。

知識變現的途徑並非只有在生產中運用知識，傳授知識也可以是一種變現的途徑，這是之前的他沒有想到過的嶄新選擇。

從辦公室走上講臺的他，終於不用再面對錯綜複雜的人際關係和相互猜忌的人心，也不用為了所有人都沉醉於「與人鬥」、沒有人在意工作本身的價值而焦慮了。

「今天的我，只需要把課程內容打磨好，就算盡了我的責任。這是我擅長的事情，這也是我可以掌控的事情，只要努力了就會有回報。」周老師說，這就是他想要的職業狀態，他很滿意這樣的狀態。

「那你有沒有想過離開現在這家培訓機構，自己創業開課呢？畢竟你現在在業內也算小有名氣了，人脈、資源應該也都有。」

「不。」他搖了搖頭，沒有任何猶豫：「當了老闆，我不就又陷入我不擅長的『處理複雜人際關係』的旋渦裡了？而且當上了老闆，目標就只能是獲得利益，為了利益要犧牲很多其他的東西，我不喜歡。」

我接著問道：「剛才你說，超過三十五歲的員工，都會被公司用績效考核的手段趕出公司，所以那些人後來都去哪了呢？」我問。

「都去別的公司了吧？」

「別的公司，會把員工養到退休嗎？」

「當然不會。」他回答的語氣有些冷漠，隨後他看了我一眼說：「把人養到退休，只有像你們這樣的公司才做得出來。」

「既然你之前是擔憂中年危機所以選擇離職，也看不慣一些企業把人榨乾以後就趕出公司的文化……那如果你有機會進入那種給人養老的單位，你會考慮嗎？」我問道。

人活著就是為了體驗，所以我叛逆

這回的答案來得非常迅速，快到甚至讓我吃了一驚——正常聊天時聽到問題至少都會停頓半秒鐘的，可是周老師幾乎是立刻做出了回答。

「不。」

「為什麼？」

「因為我叛逆。」他一字一字的回答。

我想補充一句，上面這五個字的確是周老師的原話。而且在我們的整個對話過程中，這五個字先後出現了兩次。

原來，周老師的家庭條件很好，但他的父親對他有很嚴苛的要求。早在他高中時，他尤其熱愛音樂，想走藝術家的路，最後因為父親反對而放棄了。

當我追問他最終為什麼沒有選擇搞藝術創作時，他忽然嘆了口氣，然後打了個岔：「其實，我在繪畫上比音樂還要有天賦。」他說話的時候，臉上寫滿了遺憾和不甘心。

無論是音樂還是美術，他的父親都不同意他繼續深造，理由是學這兩個專業將來很難就業。至於孩子的夢想，在這位父親的價值排序中根本就不值一提。在父母的強烈要求下，周老師還是填報了電腦相關的志願。

「呵，我那時候根本就不知道電腦是學什麼的。」說到這裡，周老師又冷笑了一聲。

他就這麼放棄了和藝術有關的天賦和夢想，從此以後和音樂的所有交集，就只剩下家裡收藏的無數張ＣＤ。他在自己完全不喜歡的電腦科目上，也取得了很好的成績，因此在大四那年得到了去網路大廠的實習機會。

也是在這時，他的父親給他介紹了一份穩定工作，對二十年前的應屆畢業生來說，那筆薪水也稱得上十分優渥，而且工作內容簡單，他也無須憂慮後來他要面對的職場中年危機。但是這一次，他堅決拒絕了父親的提議。

「因為我叛逆。」這句話出現了第二次。

「所有人都說這份工作好，我當然知道好，但我不想一輩子都依賴其他人的幫助活著。而且，我還是想努力做一點事情，做一點有意義、有價值的事情。」

「所以，你覺得這份工作的內容不屬於『有價值的事情』？」或許是為了照顧我的感受，對於這個問題，他給了我一個眼神，讓我自己體會。只是他可能不知道，在這個問題上，我和他的看法是一致的。

「所以在你的價值排序裡，一個穩定且高薪的鐵飯碗、從此衣食無憂的安全感和自我實現的成就感相比，你還是願意選擇後者。」

「當然。」他答道。

「人活著，就是為了體驗：體驗努力的過程，體驗事業帶來的成就感，體驗感情的甜蜜和悲傷，也體驗家庭生活的幸福和瑣碎。**體驗越多，人的一生就越充實，體驗就是人生的意義**。」

「我之所以不接受那份穩定的工作，是因為我想追求更多的、不一樣的體驗，而我爸介紹的工作只是能讓我有一口飯吃，完全不具備多樣性，和我想要的人生差得太遠。

「我還是想努力做一點事情。」

最終，他用同樣的一句話做了總結。

這應該是所有我和他的談話記錄裡，我最贊同的一段話，甚至我覺得把這一段話作為我發自內心的表述也沒有問題——為了換取不同的體驗，當然要付出更多的辛苦；越是想得到美好的東西，就越是要付出更多的代價。

周老師就像另一個版本的我，更優秀的，也更敢於冒險的我。我們都為了追求不同的體驗而活著，只是他比我更有天賦、更有才華、更努力，也更無所畏懼。

而我，雖然也認同追求體驗是人生的終極價值，但面臨風險時總是顧慮重重，唯恐因為對多樣性的追求，而失去已經擁有的東西。

我對體驗的追求是有條件、有限度的，而周老師對體驗的追求則是純粹的、不惜代價的。只要是他想要的生活，他就不惜拿旁人眼中最寶貴的東西去交換，至於謀生這個最基本的問題——似乎從來就不在他擔憂的範圍裡。

從這些年周老師的履歷來看，他的自信顯然不無道理。同事告訴我，他上課的鐘點費是每天六萬七千元。

除了金錢，他也獲得了他嚮往的多樣性生活。工作讓他往返於不同的城市，他會遇見不同的人，然後再把自己在旅途中遇到的人和事，講給新的同學們聽。他無須處理讓自己焦慮的複雜人際關係，無須勞心勞力平衡各方的利益，只要把課上好就可以了。

對於這份工作的熱愛，他是這麼形容的：「有一次我得了急性腸胃炎，打著點滴去給學生上課。同學們看不下去，都勸我別上課了，回家休息。但他們不知道，我越是上課，我的病就好得越快，我喜歡講課時的感覺。如果讓我回家躺著養病，病情反而會加重的。」

按理說，他已經獲得所有他想要的東西了。但在談話過程中，有幾個瞬間他面色沉鬱，我總覺得他並不快樂。尤其是當我提到情感和家庭話題時，我聽到了好幾次沉重的嘆息聲。那一刻他眼神黯淡、神情蕭索，和課堂上妙語連珠的那位老師判若兩人。

我以為是我過於敏感導致的錯覺，但事後詢問了當時在場的另一個同事，她也有同樣的感受。這樣一個優秀的，也得償所願的人，會有什麼不快樂呢？

中國當代幻想小說家江南的《九州縹緲錄》裡有這麼一段話：「其實所謂悲愁，無非是過去之人不可追、現在之心不可安、將來之事不可知，這是萬古之愁，不會變的。」

現在和將來，對於強者而言，都有可能掌控和改變；只有過去之人，任你天縱奇才、千金散盡，都再不可得。我想，他也是有過故事的人吧。

追求體驗式的人生，又怎麼會沒有不甘心的遺憾呢？

09

理想主義者

薪水、人脈、個人發展之類的就業常見的標準，

通通不在他找工作的考慮範圍內。

找工作時，你會考慮哪些因素呢？

有人會說首先考慮薪水，畢竟工作是為了謀生；有人會說公司的升遷管道是關鍵，要用發展性的眼光看待工作這件事；有人說行業的選擇才是最值得權衡的，在趨勢上努力才能換來最多的回報。

每個人對於這個問題都會有自己的想法，而我個人也有一個小建議：找工作時，盡量選擇一個性格和自己合得來、願意提攜新人的直屬上級。

對於職場新人而言，直屬上級能夠給他們提供的幫助是最大的，我這裡說的幫助不僅在於業務方面，還包含職場心態和價值觀的塑造。**在職場遇到伯樂，甚至可以成為新人命運的轉捩點。**

對於找工作的問題，以上都算是人們常見的考慮因素。但在和一個大二實習生的交流中，我得到過一個截然不同的答案。

每年暑假都有在學中的學生到我們公司實習。實際到公司實習一、兩個月，肯定比上網查資料、面試交流，更能了解公司環境和工作內容，這可以為自己將來就業時提供更多參考資訊。

如果學生的表現得到認可，還可以增加將來他們在這家公司求職成功的機率。所以來實習的同學們大多表現出了比在職員工更高的工作熱情、活力和好奇心，什麼都想嘗試一下。

楊同學是他們中的例外。活力和好奇心是年輕人的標誌，哪怕在大家都很年輕的大學校園裡，人們也很容易從同學的神情和眼神中分別哪些是大一新生，哪些是大四學生。但坐在這間辦公室裡的楊同學，神情、語調和部門裡的老員工們並無二致。他甚至比我們這些老員工還顯得老成。

部門交給他的工作會認真完成，不了解的地方也虛心求教。但在工作完成後，他並不會像其他的新員工或者實習生那樣，試圖拉近同事關係或者詢問其他部門的工作內容，而是自顧自安靜的在座位上讀書，就好像他已經在這個部門工作了很久一般，什麼都無法引起他的好奇。

我很容易就能看出楊同學讀書很認真，因為他記筆記的右手幾乎都沒有停過。有時候辦公室裡人多口雜，十分吵鬧，但楊同學的周圍似乎有一道看不見的屏障，使他不受環境干擾，讓他能最高效的利用時間。

在所有人都玩手機看影片的午休時間，辦公室裡一個埋頭苦讀的身影反而會顯得格格不入。作為一個大學在讀的學生，楊同學說話的風格和語調，有著與年齡不符的古板特質，給人一種他並不好接近的感覺。

另外，他對年輕人之間的流行，諸如美食、遊戲、影視劇，以及網路流行語全都一無所知，彷彿是從十幾年前的時空穿越過來的人。

他這個明顯的特質，讓同為年輕人的部門同事們都沒有和他建立私交，只是大家不免對這個像老幹部似的大二學生有些好奇。一個多月的實習期很快就結束了。臨走的前一天，他突然走過來對我說想跟我聊一聊，問我有沒有時間。

我有點意外，因為在此之前，我們只有在工作範圍內交流過幾句話而已。後來我們就這麼站在座位旁聊了起來。他說，他還沒有想好自己未來的就業方向，想獲得一些建議和參考。

這是二十出頭歲學生最常見的問題之一。每個學生都有自己所學的專業，但是當初在填報科系時，大多數孩子對於社會和自己都欠缺了解。**很多人在學習了某個專業或者了解了某個行業以後，才知道自己完全不適合這個方向**。但在他們知道了自己不想要什麼之後，離知道自己想要什麼，也還需要經過很長一段時間的思考。

所以對於楊同學的問題，我把文章開頭提到的各種影響就業的因素，都說給他聽了一遍，最後我說：「選擇什麼樣的工作，只取決於你想要什麼。那麼，你想要什麼呢？」

這世界因有宏大心願的理想主義者，而更加美好

他沉吟了許久，才給了我一個答案。這個問題我聽到過很多版本的答案，但是楊同學的答案是最特別的。他說：「我想選擇一個，以我個人的能力，能為國家、為社會做出最大貢獻的職業。」

可能有些讀者會覺得很不可思議，但這的確是他的真實想法。是的，他想要的東西和自己無關，和個人發展、薪資福利都沒有關係，他想要的是更宏大的東西。

或者說，他想要的是在為國為民謀福祉的過程中，獲得的自我實現的成就感。

我想起那一句「為中華之崛起而讀書」。小時候的我們並不能理解這種情懷，但等我們慢慢長大了，學了近代史，也接觸了社會，親眼看見了在戰亂後崛起的中華，便明白了先輩這個答案的分量。

這個世界是需要一些理想主義者的。當大多數人只看到眼前的三尺時，世界上需要一些人站出來，許下更宏大的心願，並且為此奮鬥終生。

如果楊同學對其他的HR說出這個「職業發展方向」，可能我的同行會不知如何回應，因為這個答案並不在任何職業生涯發展管道中。但他的回答讓我立刻和面前這個我並不熟悉的年輕人產生了共鳴。

我沒有他那樣純粹的目標和抱負，可是內心深處也藏著以筆為劍，改造世界的天真夢想。我想老有所依，幼有所養；我想廣廈千萬，寒士歡顏。第一次讀到「為天地立心，為生民立命，為往聖繼絕學，為萬世開太平」時那種激昂澎湃的心情，我至今記憶猶新。

我知道他想要的是什麼。今天還能從年輕人口中聽到這樣的答案，我很開心。最終，我給出了一個不那麼有新意的答案：考公務員。不過這一次，我其實有了全新的理由。

近年來，公務員考試的競爭白熱化，很多人坦言自己選擇考公務員的理由是工作穩定，是為了長期的生計和安全感。這個理由當然沒有什麼不合適的，但很容易讓人忽略公務員的另一個優勢——作為社會的管理者，公務員可以掌握更多關於社會發展的資訊，也可以透過參與政策推動而引導社會發展。

一個人如果真的把為國家和人民奮鬥終生，作為工作的目標和意義，那麼成為管理者，制定合理的行業運行規則，提升無數企業和從業者的生產效率，是更容易接近目標的選擇。

當然對於如楊同學一般的年輕人而言，所謂「制定政策」還言之尚早，但深入了解基層情況，合規管理，在上級決策時建言獻策，也都是新人公務員就有可能做到的事情。這些就是我個人對這位當代熱血青年的建議。

他很認可我的想法，看來在提出這個疑問之前，他已經有了和我的建議相同的答案。他說自己的父親就是一名公務員——這讓我懷疑他的父親是一個不苟言笑的老先生，以致兒子在耳濡目染中不知不覺沾染了父親的氣質。

除了氣質，家庭對孩子價值觀的影響也很深遠，既然今天的楊同學能有這樣的志向和目標，我想，他的父親應該也是一名優秀的領導者。只是他還想親自走進社會，驗證一下自己的判斷是否正確。一個多月的工作下來，他感到這家公司的行政工作「沒有什麼價值」，完全不能打動自己。

對於把理想作為工作目標的人而言，一份工作產生的價值能不能打動他，直接決定了他是否選擇這個職業；至於薪水、人脈、個人發展之類的擇業常見標準，反而通通不在他的考慮範圍內。

他是一個很特別的年輕人。我很希望這樣特別的人更多一些。

這不是一次正式的談話，只是一段發生在辦公室的閒聊，由於開始得很臨時，我們從頭到尾都沒想到坐下再說。聊著聊著到了午飯時間，我們就各自吃飯去了。

10

平陽虎

從猶豫和勉強中，可以感受到他有多麼不甘心，

打從心底就瞧不起自己正在應徵的工作。

去年我負責過一個基層行政的招募工作，這個職缺薪資不高、福利有限，招收的對象是沒有相關經驗的應屆畢業生。所以當一份三十五歲求職者的履歷出現在收件匣時，我感到有些反常。當我點開履歷，看到李先生的履歷中寫著「連續擔任兩任地方單位副局長」時，就更是驚訝了。

首先，很少有公務員會放棄鐵飯碗到企業應徵。如今的公務員考試堪稱千軍萬馬過獨木橋，大家都在擠著「上岸」時，「離岸」的人就顯得非常奇特。其次，李先生並非普通的基層公務員。哪怕三年前，他辭去地方單位副局長的職務到國有企業求職，擔任的也應該會是主管職位。

擁有這樣履歷的人，如今卻來應徵企業的基層工作，著實讓人有些猜不透。但畢竟李先生的條件完全滿足此職缺要求，他的主管經驗甚至可以組織起整個部門的運轉，發揮的作用很可能遠超一個年輕的普通員工。所以我們雖然心有疑慮，但還是對他發出了面試的邀約。

雖然李先生已經離開崗位三年有餘，但出現在我面前和我握手時，我還是能明顯感覺到他那種公家機關主管的氣場。兩人入座，開始交流。作為多年領導者，他的工作經驗無須置疑。在確認了這一點之後，面試就轉向了我真正想了解的問題。

「從履歷上來看，你過去近十年都在擔任主管職位，為什麼會考慮來應徵這樣一個企業的基層工作呢？」於是，這位人近中年的工作者，開始講述自己的職業生涯。

時光回到十幾年前，大學畢業的李先生選擇參加公務員選拔考試。只不過大城市的職缺競爭十分激烈，他想著先上岸總是好的，於是退而求其次，選擇了某個縣級的科員職位。

年輕有為的他很快得到了上級賞識，短短四年多的時間就嶄露頭角，從科員升到了副局長。或許在李先生的同事眼中，仕途順遂的他已經是令人羨慕的對象，但他對現狀其實並不滿意，他一直沒有忘記自己原本的目標——在省會[1]城市，拿下一個鐵飯碗。

在他的預期中，自己被調去省會只是時間問題，所以早早把房買在了省會，妻

1 編按：中國除了直轄市和特別行政區以外，每一個省分都有一個省會，為該省的行政中心。

子也一直在省會工作，後來他們也有了孩子。但他低估了編制調動的難度，一轉眼十多年過去了，幾個同事都得到機會被調去了省城，而他依然沒什麼消息。

李先生回到省會的日子遙遙無期，而隨著孩子一天天長大，和妻兒多年異地導致的家庭矛盾也日益尖銳。經過反覆權衡，他終於只能選擇下策：放棄好不容易得來的職級，回到省會地區，重新找工作。

此時的李先生，已經過了三十五歲的公務員考試年齡上限，而就算沒有這個限制，讓一個三十五歲的人參加百裡挑一的激烈競爭，也過於為難了些。他只好憑著自己過去十多年的工作經驗，在國有企業中選擇了一個與當年領域相關的職位。或許是那家國有企業的同行，顧慮到了李先生之前的職級，最終給他的職位帶有「主管」二字的頭銜。

但李先生所在的部門就只有他一個人，只是名義上的主管而已，實際上李先生只是個光桿司令。也正是因此，說到最近的這一份工作時，李先生有些神情鬱鬱，不復方才回憶年輕時代時，意氣風發的模樣。

這份工作要對接的人員素質，也和此前有很大的差距；更重要的是，一直身為管理者的李先生，現在不得不親自做這些基層的瑣碎工作了。基層崗位的一切都讓他很不適應，他開始考慮是不是該換一個環境試試看，於是此時此刻，他出現在了我們公司面試的會議室裡。

拿別人用慣的牛刀，自家的雞也殺不順手

一般面試時，我們都會詢問一下對方從上一家公司離職的原因，以上這些，就是李先生給出的答案。只是這個答案依舊讓我感到疑惑——他就是因為不習慣基層工作才想離職，但應徵的卻是另一個基層職缺，這只是在原地兜圈，並不能解決他目前的問題。

其實這是在很多頻繁跳槽的人身上，經常出現的問題。**對一份工作不滿意，想「換個環境」，可是他們並沒有認真分析，到底是具體哪幾個因素，導致了自己的不滿**，也沒有試著排除這些因素，選擇新的工作。

結果就是他們陷入了一次又一次不滿，一次又一次換個環境，但問題依然存在的迴圈。只不過這種較常出現在年輕人身上的毛病，不應該出現在這樣閱歷豐富的管理者身上啊……轉念一想，我就明白了。

李先生當然知道換個環境問題依然會存在，但由於年齡和一些其他因素，他的求職選項太有限了。他只能透過嘗試有限的選項，解決部分問題。他會選擇我們公司，正是因為他認為我們員工的文化程度相對更高，更有利於他開展工作，如此就解決了目前他跟工作對象難以溝通的問題。

至於對當下工作其他的不滿，他也沒有辦法，因為人才市場沒有給他提供十全十美的職缺。

現在年輕人在選擇就業時，公務員考試算是熱門的選擇之一。每個人都知道這是一個摔不碎的飯碗，但大家很容易忽略另一個事實：體制內的工作經驗，大多不適用於企業，一旦你因為各種現實原因，不得不放棄這個鐵飯碗、想重新找工作的時候，會發現人才市場是不需要自己的這份工作經驗的。

這時候你就會面臨一個很艱難的處境：**之前自己累積的經驗，反而成了求職時**

的絆腳石。有些公司更喜歡聘用好似一張白紙的大學生，按照企業的價值觀和工作模式從頭培養他們。

哪怕年紀更大的求職者願意放下身段從零開始，養家糊口的壓力也讓他們接受不了從零開始的工資。此刻的李先生，就遇到了這樣的問題。

雖然在面試交流中，他多次表示自己可以接受基層的工作內容，但和下一篇故事中無欲無求的趙先生不同，你很容易感覺得到這並非他的真心話。反而你可以從他說話時流露出的猶豫和勉強之色中，感受到這位領導者對於淪落基層是多麼不甘心，他打從心裡就瞧不上自己正在應徵的這個工作。

另外，**一個長期擔任管理者的人，在工作中會堅信自己的一套工作方法**，因為在他們的自我認知裡，自己才是決策者和團隊的核心。**比起年輕人，他們更難被新企業的工作方法打磨**，更難融入新的工作模式，也更難接受被人領導。在徵才時，這都是企業現有的掌權者會產生的顧慮。

人們都說用牛刀殺雞很容易，但用別家用慣了的牛刀殺自家的雞，有時候還真未必順手。考慮到李先生多年的專業能力，我還是讓他參加了第二輪面試。而第二輪的面試官在和他交流之後，也產生了同樣的顧慮。

面試官事後回饋，李先生在面試中的表現很強勢，甚至連他這位現任主管，都感到李先生有些咄咄逼人。

我想李先生應該知道，自己要怎麼表現才能獲得這份工作。一個工作多年的職場老人，不至於不懂得說些漂亮的場面話，但**潛意識裡的不甘心，還是不允許他穿上「虛心學習」、「從頭開始」之類的偽裝**。

一方面強調自己願意從事基層工作，一方面卻在兩次面試中都強調自己的權威和領導力，這是他的矛盾之處，但也是他的無奈和不甘吧。最終，這個職缺錄取了一位剛畢業一年的年輕女孩，她至今工作都很順利。

在錄取通知發出之前，我也聽聞李先生透過其他管道，輾轉找了公司的上級替他說情，他想透過施壓的方式修改人事部門的決定，但並沒有奏效。

他對我們工作的干涉，讓我有一點不舒服。看來這位年近中年的前任管理者，還是習慣用「主管」的方式解決問題啊。

11

四十不惑的人

關於職位、待遇、福利，

他始終微笑著說：「我都可以。」

趙先生看上去四十來歲，失業之前，在一家國有控股公司任職董事長祕書。按照公司內部的架構，這個職位屬於中級管理層。是的，這又是一個「明天和意外不知道哪個先來」的故事。

和上一個故事中的李先生不同，趙先生是一個很隨和的人，並沒有那種管理者的氣勢；同時，作為一個剛剛丟掉飯碗的人，他的神情也顯得很放鬆，並沒有中年人那種特有的焦慮、危機感。

他身材微胖，說話的語氣和緩，臉上總是帶著微笑，第一眼就給人一種「什麼都好商量」的老好人感覺。事實上，他好像還真的什麼都好商量。我拿著計算機給他算了算薪水，其實這薪水相對他之前的收入，有很大幅度的下滑，可他還是笑著點點頭說：「我都可以」。

趙先生的履歷上寫著「求職意向：經理／主管」，但公司的職缺只是個基層專員。我問他：「工作的職位能接受嗎？」，他還是笑著點點頭說：「我都可以」。

我又說：「這個職位的直屬主管是個年齡比較小的女孩，你覺得向年齡更小的上級彙報，心裡會有些不舒服嗎？」

他猶豫了一下，還是點點頭笑著說：「年齡大小無所謂，有能力就好嘛，沒問題的。」

然而，一直到我跟趙先生聊到他上一份工作的離職原因時，他才難得嚴肅了一些。趙先生此前任職於一家規模不小的國有控股公司，五一％的股權歸公司所有，剩餘四九％的股權歸港資所有，企業日常的經營活動，則是由港資來把控和決策。

這些年公司連年虧損，但也就這麼繼續經營了下去。至於這裡面的隱情，趙先生不方便談論，我也就沒有多問。但他的確談及了一起事件，因為這是直接導致他丟掉飯碗的原因。

就在幾個月前，這家公司有一個涉及金額上千萬的採購項目，竟然採取了直接邀標[1]的方式，而不是招投標的方式採購。以我個人的工作經驗而言，金額超過十萬的採購專案，就要啟動招投標程序，並且要求不少於三家企業參與投標。

這家公司涉及的採購金額如此巨大，本來就會被監管部門重點關注，公司裡的

1　編按：向比較中意的廠商發出邀請函，就特定工程項目提供報價。

某些人，竟然還敢冒險繞過招投標流程，這還真是「富貴險中求」了。要說這其中沒有私弊，顯然是不可能的。

這件事導致國有資產監督管理委員會，決定將這家企業完全收歸國有，從此這家公司會按照國有企業的規定來管理。

我們知道，國有企業的管理規定中，有一條是企業員工的工資總額，不得超過一定額度的上限。對於虧損狀態的國有企業，工資總額的上限還要逐年降低。而當時企業的員工工資是按照原有的薪資標準發放的，改制之後，原來的薪資水準早已遠遠超出了規定的上限。

於是，職工代表大會決定將管理階層人員的薪資大幅縮減，並且把三十五歲以上員工的人事關係全部轉為勞務派遣。

「原本五萬多的月薪只剩下不到兩萬，還要變成臨時工。」趙先生無奈的搖了搖頭：「之前在電話裡，我告訴你三十五歲以上的員工大多離職了，是這個意思。」

公司之所以勸退三十五歲以上的員工，也是因為他們通常已經躋身管理層，薪水太高，對企業工資成本總額的影響太大。正好企業改制，管理層也需要換血，於是他們便卸掉包袱，重新出發。**只是這些被卸掉的「包袱」，也大多有家庭和孩子，是這個家的頂梁柱。**

企業裡某些管理者因為一己貪欲，枉顧國家規定牟取私利，最終連累這麼多人丟了工作，讓這些老員工回到人才市場，重新和年輕人競爭工作……他們又做錯了什麼呢？他們什麼也沒有做，這應該就是現實裡的蝴蝶效應了。只不過，坐在我面前的趙先生，大概是這場職場地震中，為數不多能夠著陸的倖存者。

在談薪資的過程中，我就發現他對於住房公積金[2]的數字，同樣是持無所謂的態度——是的，他還是微笑著說著那一句「我都可以」。我一問之下才知道，趙先生是土生土長的本地人，現在名下除了自住的房子，還有多套房子正在出租。

因為他已經沒有了購房資格，所以公積金對他而言只是取不出來的死錢而已，他當然就「我都可以」了。只不過，他身邊同樣被勸退的、背著房貸的中年同事們，就遠遠沒有這麼幸運了。

2 編按：中國一種用於住房的社會福利，可用於租房、裝修等。

除此之外，他的老婆也有一份穩定的工作，而且我一問之下，才知道這位女士是國內某著名大學的博士畢業生。這就解釋了趙先生此前的履歷——此前他一直在浙江工作，原來是追隨愛人的腳步去了。

「你和老婆是怎麼認識的呢？」我好奇問道。

「讀研究所時我們就是同學啦。」趙先生笑眯眯的說。

「那你既然已經在浙江安了家，為什麼又考慮回到福建呢？」

「唉，我的年齡大了，父親的身體也不好，我回來也方便照顧他。」

「所以你的愛人也就和你一起回來了。」

「是的。」他還是笑眯眯的點頭。

我很喜歡聽這種雙向奔赴的故事：兩個人都把對方當作生活的重心，願意為了這份感情，犧牲屬於自己的更好的可能性。

讀博士需要好幾年的時間，可能很多夫妻會選擇接受幾年的異地生涯，但作為本地人的趙先生卻辭掉了工作，放棄了多年累積的人脈，遠赴他鄉重新開始；而當趙先生因為父親身體不好需要返回家鄉時，他的愛人也放棄了在浙江的發展前途，跟著他一起回家。

現在的網路上，很多年輕人把愛情棄若敝屣，宣揚「只有事業和錢不會背叛自己」，可是，當你無比理智的選擇自己的事業時，有沒有想過那個愛你的人的感受呢？就以這一篇文章，以及書中其他中年危機的例子而言，所謂「事業」真的就那麼可靠嗎？

我只能說，幸好現實裡的人們還是有溫度的，不然這個世界也太無情了。

有本事的（年輕）人，不怕找不到工作翻身

總之，趙先生對薪資的表態是我都可以，那麼剩下的就只有職業生涯發展規畫的問題了。沒想到對於未來的發展，趙先生還是笑眯眯說了一句話：「我都可以。」

他說，自己只是不想虛度光陰，也不想荒廢練了十多年的職業技能，所以才出來找份工作，但對於升職、成為管理層、權力，的確沒有什麼特別的渴望。如果公

司願意重用他，他當然可以貢獻自己的經驗和技能，但是如果公司只需要他做一些基層的工作，他也完全沒有問題。

我心想，這可太合適了。事實上，趙先生已經是面試這個職缺的第四個人了。

在他之前，來應徵的是一個二十多歲的年輕男生，男生能力出眾，在面試中侃侃而談，部門主管非常認可他。可是應徵者卻說出了他的顧慮：在了解到目前部門的組織架構後，他認為自己未來的升遷管道不夠透明。

我覺得作為一個優秀、有自信的年輕人，考慮到自己未來的升職空間是非常合理的。但部門主管卻對此非常不滿，大概可以概括為：年輕人還沒入職就想著升職的事、野心太大、想法太多、不好管理。

人資畢竟不能干預用人部門主管的決定，於是我們只好繼續邀約面試，同時吸取教訓，考慮到部門主管的喜好，盡量選擇那些對升職加薪並不那麼渴望的人。

在看到趙先生的資歷和他求職的意向時，我心裡是有些忐忑的，因為以他的資歷，他比之前的年輕人更有資格要求公司，給自己一個管理職工作，那這就又和用人部門的主管合不來了。

沒想到對於升職發展的問題，趙先生的態度竟然如此隨意，我想：這回我的績效指標總算可以完成了吧？並沒有。

在隨後的第二輪面試中，用人部門的主管在得知趙先生對升職並無所求之後，又向我回饋說：「一個人無欲無求，沒有上進心，沒有辦法激勵，不好管理！」這兩次相反的回饋意見，出自同一個主管，我確實是有些迷惑了。

後續的結果是，部門還是想按照原來的目標，招聘一個二十多歲、相對單純、願意接受公司文化和上司雕琢的年輕人入職。他既不能有太強烈的升職欲望，也不能已經小有成就以免難以雕琢，我收到的回饋，只是一個拒絕的理由而已。

四十多歲的趙先生，儘管在專業技能的水準上，已經遠遠超出了職缺要求，甚至還具備可以指導同事業務的資歷，**但畢竟他已經不是一張白紙**，而是一個有棱有角、曾是管理階層出身的人。

想讓這樣的人認同公司文化和工作風格，比直接給一個年輕人灌輸「這就是正確的職場標準」要困難得多，或者用部門主管的話說──「不好管理」。所以，無欲無求、本該正好因此投公司所好的趙先生，還是失去了這一次的工作機會。

家境尚可、妻子也有穩定工作的他，自然可以輕鬆面對這個結果，輕鬆等待下一次的面試機會。可是那家公司裡其他失業的老員工，也一樣已經被社會打磨出了固定的價值觀，他們在重新求職時，也會面臨年齡偏大的困境。

他們要怎麼辦呢？在這家公司以外，還有那麼多失業的中年人，他們又要怎麼辦呢？這個故事就這樣結束了。

其實一開始，我把趙先生的履歷推給用人部門時，是知道他們只想招一個年輕人的。但我每次遇到這樣專業能力優秀的中年人求職，哪怕他們的年齡不符合設定的條件，我也總是想幫他們一把。

這似乎是我的一種自我安慰：如果有本事的人找工作並不困難，那我也無須為自己的中年擔憂。可事情的結果通常是，我既沒有幫到他們，也沒能安慰自己。

12

四十而惑的人

一份收到 6 次的履歷，讓我開始思考：40 歲很老嗎？

如果，40 歲失業的人是我……

同一份履歷，郭先生一共往我的信箱投遞了六次。其實在第一次收到這份履歷的時候，我就已經立刻把履歷推薦給了用人部門。因為在無數的履歷中，他的背景尤為亮眼。

他有資深工程師經歷，出身大企業，專案經驗在履歷上被羅列了足足五頁；他還有一大堆證書，可以在專案投標時為公司提供幫助。無論是論技術職稱，還是工作經驗、行業資歷，他的履歷都遠遠比信箱裡其他的履歷出色很多。但這份履歷，用人部門一直沒有給予回饋。

郭先生可能以為我沒有收到信，或者沒有打開履歷，所以在接下來的半個月裡又重複投遞了五次。一個打拚了二十年的老職場人，本來不該如此急切的，想必他在生活裡也有為難之處吧。

在依然沒有得到回應後，某一天晚飯的時間，他撥通了我的電話。電話裡，郭先生反覆保證說，他知道自己年齡大了，也知道公司的管理階層未必有空缺，所以這次應徵，他不要求任何職務。

「只要給我和應屆畢業生同樣的工資待遇就好，讓我和年輕人一起加班也絕對沒問題！」他很認真的對我說。

是的，**四十歲的年齡，是這份出眾的履歷沒有被選中的原因。**從他小心翼翼的態度我可以得知，因為年齡問題，他已經經歷了很多次的挫折。聽著電話裡的中年人反覆說：「我一樣可以加班的」，我覺得胸口堵得慌。四十歲很老嗎？再過七年，我自己也四十歲了。

如果四十歲失業的人是我，作為一個HR，我的處境肯定不會比像郭先生這樣，具備專業技術能力的工程師更好。我說：「你放心，我知道你的專業能力肯定沒問題，面試的事我一定盡力。」

第二天，我沒有透過郵件聯繫用人部門主管，而是直接列印履歷走進了他的辦公室。我轉述了昨天晚上郭先生的態度，請部門考慮一下，是不是至少給他安排一次面試。

主管也是個四十多歲的人了，他看著這份寫有高級職稱的履歷，並沒有找到人才的驚喜之情，反而面露難色。他沉吟了良久，我想到昨天晚上求職者的為難處境，也一直沒有離開。終於，主管開了口。他說：「雖然求職者有過表態，但畢竟技術和資歷擺在這裡。如果要他做基層工作的話，拚勁總歸是不如年輕人的。而且四十歲的人了，身體也拚不動了，我們這邊還經常加班。也別為難人家。」

頓了頓，他又補充道：「如果是早幾年業績好，部門多一個人倒也沒什麼，但這兩年帳款很多都收不回來，部門這邊薪資壓力也很大。唉，真是不好意思。」

年齡劣勢，有再多技能都不堪一擊

我能看出主管是真的有些為難，比起暫時還算年輕的我，他才是對中年危機更能共情的人。

大家都沒有鐵飯碗，誰也不知道未來會有什麼變化。比如這家幾年前一直表現亮眼的企業，忽然就收不回欠款了，這不就是一種意料之外的變化嗎？

包括我自己在內，寫職場文章的人們總是在提醒大家，上班要注重職業技能的鍛煉，不要庸庸碌碌、無所事事，要在工作中不斷進步和成長，才能保持競爭力。

道理當然是對的。但是這一次，**四十歲的年齡，這一個劣勢就可以抹殺用五頁A4紙才能寫完的專案經歷、資深工程師職稱，以及一大堆證書等所有優勢。**

這個決定性的劣勢，不是可以透過任何努力彌補的；人的老去是自然規律，誰都要面對這一天。最近兩年，我常常寫不出稿子。因為在事實面前，那些正確的道理都顯得很蒼白。

這位求職者，是在工作中沒有進步和成長，還是沒有注重於專業技能的提升？然後呢，結果又如何？這讓我還怎麼寫人要努力保持競爭力？

或許有人會說，保持競爭力雖然不能保證自己的未來，但至少可以增加自己平穩落地的機率。

道理總是沒錯，但在現實生活中，任何選擇都是有代價的。競爭力是一個相對概念，而不是絕對的數值。

以當今職場人與人之間的競爭強度，以及企業對勞動者剩餘價值的攫取，如果你還打算不計代價的奮鬥，就意味著你必須在人人加班、人人過勞的職場環境裡，比常規狀態更進一步犧牲健康、家庭和個人生活。

如果「奮鬥」必然能換來自身的延遲滿足，那還可以說是個人選擇，見仁見智。但如果一個人為了事業，犧牲了陪伴家庭的時間，犧牲了個人最珍貴的健康，最終換來的所謂競爭力、專業能力，在必然到來的四十歲面前一文不值，那麼此前的犧牲和投入，還是值得的嗎？

13

傀儡和傀儡師

這場面試，我的對面坐了兩個人，

一個負責說話、一個負責聽話。

這應該是我經歷過比較特別的一場面試。當我按照約定時間走進會議室時，沙發上坐著兩個人。

其中一個是年輕的女孩。她低著頭，讓人看不見表情。她雙腿併攏，雙手放在膝蓋上，身體緊緊的繃著，一眼就能看出她非常緊張。另一位則是一名中年婦女。她見到我進門只是點了點頭，帶著慣有的神態和語氣，說了句：「你好」。

這個女孩是被她的母親帶著來公司面試的。

隨後，我在面試中問出的問題，諸如：「妳為什麼選擇這個工作？」、「妳覺得自己在這類工作中有什麼優勢？」，全部被女孩的母親接了過去。她說「選擇這項工作，是看中這家公司比較穩定」，這話說得倒是直接；「應屆畢業的學生還需要慢慢學習」，意思是她的女兒沒有能匹配職位的技能，這話還是說得很直接。

再之後，這位母親就開始向面試官了解公司的業務發展現狀，期間還不斷對公司經營提出各種問題。彷彿這不是一場面試，而是上級在考察公司的經營狀況。

在整個過程中，本該是主角的女孩，依然規矩的坐在母親身邊，沉默著把雙手放在膝蓋上，沒有任何表現。她持續的沉默讓我產生了疑問：選擇一個行業、職業生涯中的第一份工作，可以算是人生中很重大的決定，**眼前這個一言不發的女孩，是真心想從事這份工作嗎？**

於是我有意轉向了她，說：「同學，妳好。」

她似乎嚇了一跳，連忙抬起頭坐直了身體，答道：「你好。」

「剛才一直是妳的母親在替妳回答問題，我想確認一下，應徵這份工作是妳本人的意願嗎？」

那位女孩愣了一下，在求職面試的場合，這原本絕不是一個需要思考的問題，甚至它本不該是一個需要存在的問題。經過兩秒鐘的恍神後，她點了點頭說：「算是吧。」

她猶豫的語氣，讓我問出了第二個問題：「那妳心中有明確的職涯方向嗎？或者說，妳有自己想從事的行業和工作嗎？」

這回女生停頓的時間更長了，並且在這個過程中，她幾次用眼神向母親求助。我的餘光看到她的母親在一旁想說點什麼，但我故意沒有理會。成年人求職面試又不是小學生的家長會，這位家長本來就不該出現在這個場合。

「沒有吧，就想這不是畢業了嘛，有個工作就好了。」這是她思考以後給出的最終答案。

原來，這就是她在自己求職面試的現場，任由母親表演的原因。她什麼都不想要。或者說，她想要的東西都和自己從事的工作沒有任何關係。

我也遇到過很多這樣的同學，從小到大，**他們只是聽從父母和老師的安排，讀書考試、升學工作，身體裡似乎沒有自己的意志，就像一個被操縱著的傀儡。**

隨波逐流是最輕鬆的。既然自己不知道想要什麼，父母又給自己安排好了清閒的飯碗，那麼就接受吧！這樣就什麼也不用想了——上學的時候不用想，工作了依然不用想，反正天塌下來，還有爸爸媽媽頂著。

例如求職面試這樣的場合，就可以讓媽媽頂著。來自面試官的所有問題，都可以由母親代為回答，自己只要坐在一邊，繼續扮演一具木偶就可以了——是的，她也並不忌諱在職場上暴露這一點。

後來我想，面試時女生可以讓媽媽到場，代替自己面對面試官，但在往後的工作中，她總不能天天帶著媽媽一起上班。如果她實際的工作能力和職缺要求相差太遠，就算她因為一些其他因素僥倖通過了面試，也沒辦法在這家公司長久生存。如果公司裁員，這樣的員工肯定首當其衝，而且屆時她依然會面臨毫無工作技能的求職困境。

難道那時候，她的母親要再一次代替女兒走進下一家公司，代替女兒回答面試官的問題？

或許我多慮了，因為這樣的求職者中，有不少人家境優渥。謀生是永遠懸在我頭上的達摩克利斯之劍[1]，但未必是他們需要擔憂的事情。我只是覺得可惜。

法國存在主義哲學家沙特（Jean-Paul Sartre）曾說，人沒有什麼預定的本質，人的存在原本就是虛無，它的本質是「有待填充」的。

我們總會想透過獲得某種本質，來填充自己的虛無、來找到生存的意義。工人有工人的意義，老師有老師的意義，公務員有公務員的意義，外送員也有外送員的

1 編按：古希臘的傳說，通常被用於象徵時刻存在的危險。

意義；總有一些意義，是可以透過豐富人生經歷來實現的。哪怕一個人經過思考，選擇拒絕上班、降低物欲，這也是一種選擇，是一種人生意義的實現方式。

但如果選擇不是自己做出的，而是任由他人操縱自己的人生，任由他人定義自己的事業、角色和生活，甚至任由他人將操縱自己的一幕，毫無保留的在職場中展示，覺得無須避諱什麼……這是個人選擇，旁人也不該說什麼，我明白。

我只是覺得，為了舒適的人生，就付出這麼大的代價，對自己也太不公平了！

沒有履歷的「面試者」

其實，想替子女安排人生的父母很多，但也不是每個年輕人都對自己的未來沒有思考和堅持。

某一天上午，我一到辦公室，就看到一個中年男人站在人事部門的門口等著，將雙手交疊放在身前，很小心翼翼的樣子。一問我才知道，這又是替孩子找工作的家長。

這位父親住在郊區，從他們家開車到公司，至少需要一個多小時的車程。他一大早跑這一趟，只是因為女兒昨天晚上吃飯時，提過一句我們公司的某個職位，和她所學的科系相符合。

這位中年男人用不是很流利的普通話，說自己的女兒學習不錯，不過他卻連女兒所學科系的名稱都說不上來。面對我的詢問，他只能現場打電話問女兒的母親。

我問他，為什麼不直接問孩子呢？這位父親說，女兒學習很忙，他不方便打擾她。這就是家長替孩子找工作的時候最常見的情況：**真正需要工作的同學本人，在整個面試過程中是隱形的**。

我想世界上應該不存在忙到無暇找工作的大四學生，找工作本來就是大四學生的重要任務。更大的可能是，父母替女兒找工作，還沒有經過女兒本人的同意。

根據我以往的經驗，大多數情況下，家長替子女到公司求職時，子女本人常常是不知情，或者是不同意的，否則到場或者打電話諮詢的就會是本人。如果家長手裡連履歷都沒有，是空著手來的，那麼我就更能確認這一點了——他們甚至無法從子女的手中拿到一份履歷，可見他們的孩子已經在防備父母的行為了。

這位父親在聽說這裡的工作沒有穩定晉升的制度，女兒到這只能簽勞動合約之後，便告辭離開了，從始至終都保持著禮貌。他說女兒正在備考公務員，因為家裡還是希望她有一個穩定的工作。

其實，我能感覺到他對女兒的關心，而且從他誇女兒總拿獎學金時的自豪表情和語氣看來，他也並非習慣否定孩子的那種父母。但**這依然是一個很典型的家長想為孩子做點什麼，卻反而給孩子造成困擾的例子。**

可惜我沒有機會見到她的女兒，否則應該能從另一個角度補完這個故事。這就是寫真實故事時的遺憾了，小說可以靠作者想像補完細節，但在真實的故事裡，作者也有很多不知道的事。

即便如此，我也想將這位父親的故事講出來，大家就當成是前一個故事的番外來聽吧。

14

棋手

早從大學填志願開始，

她就已經在為職涯布局。

不知道書本前的你，當年是如何選擇大學就讀的科系呢？是因為喜歡、因為父母的建議或者強迫，又或者只是因為分數剛好到了，所以就這麼填下了志願？

我個人屬於第三種情況。高三時，我將所有的精力都花在了書本和習題上，所謂「職業生涯發展」對於一個高中畢業生而言，著實是一件過於遙遠的事情，遙遠到我有足夠充分的理由告訴自己「以後再說」。

畢竟「職業生涯發展」這個詞，一看上去就是大人才需要思考的問題，而那時候我還穿著校服呢。這一次我遇見的主角小何，是一個比我聰明得多的孩子。

二〇二一年，由於大環境影響，越來越多畢業生就業時選擇考公務員或者教師等有固定編制的職位，以期獲得一個無須擔憂裁員風險、中年危機的鐵飯碗。

但在中國，這些職位招考是有科系限制的，四年前或者七年前你如果選擇了一個匹配不了多數工作要求的科系，那麼現在就要在招考中選擇限制較少的職位，並且面對人數多出十倍、百倍的競爭對手。相反，四年前或者七年前你如果選擇了法學、漢語言文學這類科系，那麼走上公務員招考這座獨木橋的時候，就會相對輕鬆很多。

接下來是我個人工作的感受。不知道是否是因為大量優秀的中文系畢業生被公職機構吸納，所以像我們這樣的企業在招聘文書、祕書類的人員時，想找到一個各方面都比較優秀的文科人才，反而會比招募理工類職位的人才更加困難。

換個角度說，在我們公司，中文系的求職者只要能力達標，錄取的機會就會相對較高。綜上所述，在新的就業形勢下，中文已經成為熱門學科之一。

選填科系，為職涯布局的第一步

小何同學擁有名校碩士研究生學歷，大學和碩士都就讀於以漢語言文學科系著名的學校。在年輕人就業越來越困難的當下，小何的求職路卻異常順利，當初她正確的科系選擇顯然功不可沒。

儘管用人部門曾經明確表示只招收男員工，她依舊憑藉著出色的經歷，在履歷篩選階段嶄露頭角，並且在筆試、面試中先後戰勝了七名男性候選人，以壓倒性的表現成功獲得這個職位。

用人部門其實並沒有改變他們的觀念，只是在面試過程中，其他男性候選人和小何的差距實在大到了讓人無法忽視的程度。扎實的文字能力和出色的氣質談吐，是她獲得認可的主要原因。

在過去七年的求學中，老師優質的教學，成功內化為小何出色的個人技能。這說明當年她選擇的科系很適合自己。你如果討厭一門專業的話，是無法做到這一點的。

我很好奇，當年才十八歲、剛剛走出高中校門的小何，為什麼會選擇中文系？

「其實，我高中的時候是理科生，」談到這個話題，小何有些驕傲的說：「拿過幾次物理和生物競賽獎的『火箭班』理科生。」

「那後來為什麼又填了中文系呢？」我疑惑道。

「我是提前批[1]志願填中文系，從第一志願以下報的，就都還是理科的科系。只不過我最終被提前批院校先錄取了——和我計畫的一模一樣。至於原因，是因為我知道自己想要什麼，然後做了一些調查研究。」

首先，在高三畢業的那年，十八歲的小何已經對職場有了一些初步了解，這些了解可能來自網路，可能來自詢問父母長輩。顯然十八歲的小何比我有著更長遠的眼光，還穿著高中校服的她並不認為，職業生涯規畫是「遙遠到暫時不需要思考」的事情。她從高考之後就已經開始做自己的職業規畫了。

經過對當下職場競爭的了解，她首先得出了一個結論：自己必須獲得碩士學歷，才能在求職競爭中占據一定的優勢；同時她也了解到，**考研究所的競爭壓力似乎並不比考大學小**。

剛剛經歷過高考的她似乎心有餘悸。她並不能保證四年後自己還能穩操勝券，也不想再參與一次這樣激烈的競爭。所以她要考慮的是，是否能在現在選擇科系的時候，就盡量避開考研究所的競爭，以保送的方式，穩妥的獲得更高學歷。

按照這個思路，她進行了下一階段的研究。在深入的了解之後，她鎖定了某所大學中文系的「國家人才培養基地」，可以在四年後相對容易的獲得保送一流大學研究所的機會。以小何的分數，她如果加入名校理工科專業的競爭，未必有十足的

1 編按：提前批次比普通批次要早，在中國一般高考結束以後，提前批次就開始報名，例如公費師範生、軍校、體育、藝術等。

把握，但是以當年冷門的中文系，她有很大把握考上「國家人才培養基地」。

經過思考後，小何得出了結論：報考本地省會大學中文系，是自己的最優選擇。但這時，她的父母卻表示了明確反對。

她的母親是一位老師，父親是一位頗有成就的企業主管，兩人都有一定的社會地位和閱歷，也對獨生女寄予著更高的期望。他們認為，女兒作為一個在物理生物競賽中屢屢獲獎的理科生，顯然應該報考一個當時熱門的理工科系，為將來的事業打下基礎。

父母相信自己才是正確的，在他們眼裡，擁有三十年工作閱歷的自己和一個高三畢業的小孩，誰更有見識不是很明顯嗎？他們堅決反對女兒的決定，而且相當不理解，明明可以選擇更好的科系，為什麼偏偏要屈就一個被視作「萬金油」的中文系呢？

如今，小何同學在講述這段往事時，笑了笑說：「呵，三十年的經驗，還是太淺薄了。」

我很喜歡這個二十五歲的女孩，說這句話時的神態和語氣。她聲調不高，卻自有鋒芒。如果小何真的是理工科碩士畢業的學生，至少在我們公司，她面試肯定不會這麼順利。

由於之前長期存在的就業觀念，很多高考成績優異的學生，都選擇報考理工類科系，多年以後這些高分學生畢業求職，面對的全是和自己同樣優秀的對手。競爭我司理工類職位的求職者，常常是清一色的名校碩士，履歷沒有不優秀的。

考慮到一些企業在理工類職位設置的「隱形性別門檻」，如果與名校碩士生內部競爭，小何想要展現出今天這樣壓倒性的優勢，會比現在困難很多；而且即便她真的入職了，以她的性格，那也不是她會喜歡的工作環境。

哪種選擇能從大環境獲取紅利？沒人知道

父母二、三十年的社會閱歷自然是真實的，可是以社會環境變化之快，僅僅幾十年閱歷提供的樣本遠遠不夠，甚至兩、三百年的閱歷都不夠——因為只要不到十年，社會就可能變成一個歷史上從未呈現過的形態。

大到社會對各種工作的認可程度，小到讀某個科系的學生在求職時的難易度，全都可能是陌生且嶄新的。**哪怕是「閱歷豐富」的中年父母，在完全陌生的未來面前，也和孩子一樣一無所知，因為他們的閱歷無法提供任何參照；更重要的是，他們其實也不了解自己的孩子。**

人生道路的規畫，除了需要考慮外部環境，更重要的是要考慮到每個人不同的性格和價值觀。

後者才是一些父母替孩子決策時總是犯錯的真正原因。他們把注意力都集中在「哪一種選擇可以從大環境中獲取紅利」上，完全無視了這個選擇，是否適合孩子個人的特質。

在這些父母們的想法中，孩子通常是一個可以被隨意程式設計的機器人，只要把他們設計成最適應社會的那種人就好——至於孩子的感受，他們並不關心。

儘管小何具備出色的學歷和能力，但她並不是一個熱衷於競爭的年輕人。父母希望她報考理工科，是要她從十八歲開始就加入競爭激烈的領域；而她給自己的規畫一直是：用最低限度的競爭，獲取盡可能多的收益。

例如，用已取得的高考分數優勢，同時奠定大學和研究所兩個階段的勝局；再比如，加入穩定但薪資水準較低的國有企業，而不是加入競爭更激烈，薪水也更高的私有企業。

人生選擇沒有客觀上的對錯之分，同一個選擇可能對於有些人是好的，而另一些人卻會為此懊悔。

穩定的老師、公務員……制度是把雙面刃

七年後我們知道，十八歲時小何做出忤逆父母的選擇，是最適合她自己的。這個決定不僅讓她順利成為如今這個履歷優秀、談吐不俗的碩士畢業生，還讓她因為專業優勢在求職時進退自如。關於後面這項優勢，我們之後還會談到。

只不過，中文系畢業生求職時存在優勢，很大程度上是因為一些鐵飯碗職缺，

對這個科系有大量需求。可是小何卻出現在一家企業的面試中，看起來，她並沒有真正利用這份優勢。

「那妳入職以後，會考慮之後考公務員或者當老師嗎？」出於對員工穩定性的考慮，我問了小何這個問題。

她搖了搖頭，答道：「這件事，我也認真想過的。」她首先考慮的就業方向，是中國近年來無數畢業生趨之若鶩的公立學校老師。這個選擇對小何同學而言太熟悉了，因為她的母親就是縣城裡的一名老師。

過去的十多年裡，母親對「老師」這個職業的描述，讓小何得到了一個比大多數同齡人更完整的職業印象。接下來，她用了十多分鐘向我描述了縣城學校裡發生的一件真實案例。

在小何小時候，她母親所在的那所小學，有很多老師都不想教課了。上課需要備課，需要批改作業，需要為學生的成績負責，需要應對訴求各異的學生家長……相比起來，學校行政的工作則要輕鬆得多。於是這所學校裡的很多有資歷的老師都各顯神通，一個個從教師轉到了行政職，可是如此一來，給學生上課的老師人數就不夠了。

校長請不動這些有年資的老師們，無可奈何之下，只能從鄉鎮學校借調音樂、美術等科目的老師，來教語文、數學這樣的主科——鄉鎮學校的主科老師也是走不開的。這些音樂、美術老師雖然一定具備小學水準的語文、數學知識，可是自己會是一回事，教孩子又是另一回事。

很快，因為老師教學品質不好，學校和老師一次次被家長投訴。那些音樂課、美術課的老師也很委屈，自己明明就不是主科老師，卻要承受家長的壓力和怒火，其中一些老師想辦法回了原來的學校，人手又不夠了。

壓力之下，校長更是病急亂投醫，竟然去幼稚園借調老師來教小學生。家長本來就處在憤怒的情緒裡，如此一來，局面更是一發不可收拾……。

「你發現了嗎？**最後所有人都沒能做自己想做的事。**」小何一臉無奈的嘆氣。

這只是縣城學校管理混亂的其中一個案例，如果不是在面試這種場合中不方便深談，她大概還能說上幾個小時。至此我們已經知道，在她的認知裡，縣城學校由於管理極為不嚴謹，並非一個好的求職選擇。

「可是，大城市的名校應該會有更完善的管理，不會出現類似妳剛才說的這種事情吧？」我問道：「以妳的學歷，完全可以競爭大城市裡好學校的老師職缺，薪資水準也比較不錯。妳有考慮過嗎？」

「有的。」小何彷彿早就等著這個問題，點了點頭，開始講下一個故事。

大城市的中、小學老師，是小何這種名校中文系出身的學生，最常見的就業選擇之一。小何的好幾個同學，都已經在大城市裡當上了老師，她們和小何分享了來自大城市一線教師的真實經歷。

新人上任三把火，小何的同學們當上了老師後，各個都摩拳擦掌，準備好好備課。老師最重要的任務就是教學，這似乎是一個不言而喻的常識。然而這些新老師以為的常識，馬上就遭遇了現實的挑戰。

「大城市的學校競爭都非常激烈。對學校來說，如何吸引資優生才是重點，畢竟學生品質直接和成績掛鉤，也直接決定了你的教學是良性迴圈還是惡性循環。」小何解釋道：「那麼怎麼樣才能吸引到資優生呢？宣傳，要把學校的教學實力宣傳出去。在大城市的學校裡，教學是要為宣傳讓位的。」

小何掰著手指頭，細數那些新老師入職以後的一項又一項工作任務：「替學校寫宣傳貼文、會議記錄，整理遺留的檔案，拍宣傳片……這些本來都是行政人員的工作，但學校行政處總是把這些工作壓到新來的老師身上。

「你知道嗎？我的同學本來國慶日長假要出去旅遊，結果學校一個電話把她叫了回來。她以為是有什麼教學任務，原來是要配合學校拍宣傳片。平時加班做各種宣傳工作還不夠，國慶日七天假期，她全都耗在替學校拍宣傳片上了。」

正如考大學的選擇一樣，小何在求職之前，對於教師這個職業同樣做了一系列的調查研究。

「很多人以為老師是很清閒的，還有寒暑假，所以才一個個趨之若鶩。但事實上，老師絕對不是什麼輕鬆的工作，因為老師在白天上課、晚上備課和批改作業之外，還會被學校安排太多的『兼職』。我們當老師是來教學生的，我們不是自媒體工作者、檔案管理員、祕書，或者臨時演員。既然已經知道學校裡教學要為宣傳讓位，那我對這樣的工作沒有興趣。」對於不當老師的原因，這是小何最後的闡述。

「那……公務員呢？」我問她。公務員和老師一樣，是中文系學生很好的出路之一。小何聞言，方才侃侃而談的神色忽然一黯。

「我家裡剛剛出了點變故，經濟上的……所以我需要儘快找到工作，不能因為備考又無業幾個月了，也不能像很多同學那樣，考不過再考，沒有收入的過一年又一年。」

「我需要馬上找到工作」。她認真說了這句話之後，又補充道：「至於『穩定』嘛……我還是有點自信的。我不當公務員，一樣能找到穩定的工作。」這件事涉及對方家中的隱情，我也就沒有多問，只是道了一聲「可惜」。

從實在的人脈，閱讀社會運行的規則

「公務員的優勢不僅是穩定呀，作為社會管理者，在合法合規的前提下，公務員能優先獲得很多政策資訊，累積很多人脈。妳雖然年輕，但應該懂我的意思，**人脈資源和資訊，很多時候比錢重要得多。**」我說。

「我明白。」小何點了點頭：「可是類似的人脈我也有。我的那些同學，除了當老師的，大多數考了公務員，考進各個系統的都有。我們本來就是一個圈子的人，以後也會是。

「其實你說得對，我在大學時就很注重累積人脈。包括考研究所的時候，我選擇的老師人脈資源也很豐富。」

「**在人脈和資訊獲取這件事上，妳有很多同學都在替妳當公務員呢！**」我說。

「是啊，是啊。」小何笑呵呵的表示認同。

中文系是報考公務員的熱門科系，按照小何的說法，一流大學中文系的學生，在學校裡就已經預先積攢了人脈和資源。

十八歲時小何選擇報考中文系，就已經踏進了一個特殊的人脈圈子。她的父母沒有想到這一層，十八歲的她也沒有想到這一層，但當小何明白了這其中的道理之後，立刻有意識的把**有利的環境轉變為了實在的人脈**。

她很聰明，很擅長閱讀社會的運行規則。無論是十八歲還是二十五歲，她都比同一個階段的我要聰明得多。

這樣的人很容易成為職場競爭中的贏家。透過理解世界的運行規則，他們能夠為自己找到最有效的發展策略。有時候我不得不懷疑這是一種天賦，無論是前文九歲就堅信，只有讀書才能拯救自己的張女士，還是十八歲就在認真替自己做職業生涯規畫的小何，都是在幾乎沒有社會閱歷時，就開始為自己長遠的人生布局了。後生可畏啊！

「其實，所謂『幹一行恨一行』，是因為**妳只有真的從事了某個行業的工作之後，才會看清其中種種不合理之處**。剛才提到了很多學校不科學的管理方式，是因為妳有足夠的資訊來源了解這個行業，但在企業的工作中，也是存在很多不合理的事的，妳只是暫時還不了解……要有心理準備哦。」在面試結束時，我想起這家公司的一些現狀，忍不住多嘴了幾句。

「嗯，我知道。」她對我點了點頭，但對於入職公司，似乎並無任何猶疑，「關於貴公司，我之前也做過調查的。我問過好幾位業內的長輩和朋友，他們大多對貴公司給出了很好的評價。我來貴公司應徵也是深思熟慮過的，你不用擔心。」

原來如此。小何，依然是那個絕對不打無準備之仗的年輕人。其實她也的確不用擔憂，因為今天這個選擇是可逆的。如果她入職以後經過評估，認為這份企業的工作比不上公務員，以公務員對中文系人才的需求之多，她大可以回頭再考。

其實，回想小何的人生經歷，她人生關鍵的轉捩點，在於十八歲的那一次科系選擇。只不過，如果說成年人之間的競爭，在高中時代就要開始權衡，而且當時候的選擇可以決勝十年，那對於我這樣在當時只想快樂玩耍的笨小孩來說，這世界也著實太殘酷了點。

15

做自己

「我有一個要求，不加班。」

這是他前半輩子拚死讀書後，想換來的報酬。

這是一場政府組織的校園徵才會。組織者非常重視這次招募，因為這所大學是業內首屈一指的一流學府。

每一家公司都渴望招收優秀的年輕人，所以主辦方不得不設置標準，篩選到場的企業。最終獲准參加這次徵才的十多家企業，都是省內各自行業的翹楚。

大家都知道，畢業生在求職時，名校學歷可以給他們帶來一些優勢。很多大公司在招募時，也會設定某些名校之類的學歷門檻。

很多人以為公司這麼做的原因，是名校畢業生的專業技術更出色，這當然是其中一個理由，但還有其他更重要的原因。

事實上，無論職缺和科系多麼匹配，畢業生到了職場上，還是要重新學習和掌握與工作相關的技能。就算校園裡的知識學習得再好，能讓他們直接應用的地方也很有限。

公司看中的，與其說是名校生具備的知識，不如說是他們更出色的學習知識的能力，以及名校畢業生之所以在年輕人中脫穎而出的性格成因——上進心。比起大多數人，他們往往更願意付出努力，換取競爭優勝的成就感，通常也更在乎來自上位者（例如父母、老師和主管）的認可，也就更不容易放棄競爭。

對企業管理者而言，員工具有上進心，意味著他們能大幅度降低管理工作的難度——在日常工作中，掌握說話藝術的上級，常常只需要給出一朵沒有成本的小紅花，可能是一張獎狀，可能是一句口頭的表揚，就可以讓年輕員工產生成就感，從而使他們為公司努力工作。

所以這一次的招募會，各家公司的HR才會不遠萬里趕到這裡。在今天的會場上，我的同行們都憋著一股勁，誰都不想空手而回。而就是在這樣的場合，我認識了這位邱同學。

一般的招募會都是僧多粥少：坐著擺攤的HR只有那麼幾排，但找工作的同學可是黑壓壓的一大片。而這一次則相反，因為我們這些二線城市的公司，對名校同學的吸引力著實有限——無論是選擇留在上海、北上首都，或者南下深圳，這所一流大學畢業生都可以自由選擇。所以來光顧這次徵才會的同學，數量就很有限了。

於是這次會場，就呈現出一種很罕見的場景：八個各懷鬼胎的面試官靠著會議室的三面牆坐著，圍成了一個半圓，而圓圈的重心，則是挑選工作的學生，學生才是主導談話走向的人。

「我的要求是，不加班」

「我也不一定要今天急著定下來。我只是先來看看，了解一下情況。」來參會的邱同學如是說。

在粥多僧少的地方，賣粥人就只能自賣自誇了，同行們紛紛開始表演。有人說他們公司規模大，晉升管道明確，發展空間廣闊；有人說他們公司專案數量多，涵蓋技術全面，能讓員工得到更多成長；有人說他們有多年維繫的優質客戶資源，只要想掙錢就總能掙到錢；當然，也有人說自家公司可以提供應徵者更高的薪水。

不得不說，我很喜歡看見這一幕。企業（準確的說是代表企業利益的ＨＲ們）竟然有有求於員工的時候。我幹了許多年人力資源的工作，見慣了所謂「管理學」為算計員工無所不用其極，看見這一幕，可以說是很解氣了。

邱同學只是禮貌且安靜的聽著，時不時說一句「謝謝」，但我從他的表情可以明顯看出，以上這些都沒能真正打動他。在粥多僧少的地方，喝粥的人就會有足夠的籌碼。

「我有一個要求。」聽完所有人的發言後，邱同學開口說道。

「請說。」HR們紛紛示意。

「我的要求是，不加班。」他用很平淡的口吻說出了自己的要求。

HR們面面相覷，我注意到有幾個年紀較大的主管，一瞬間變了臉色，他們再看向邱同學的時候，就像在看一個大逆不道、膽大包天的人。也有幾個人開始和自家公司的同事竊竊私語，從表情來看，他們說的顯然也不是什麼誇讚的好話。

「這位同學，你還沒有走出校門，可能不了解職場上的實際情況。設計行業加班是難免的，我們也都是這麼過來的……。」終於有一位較年長的負責人忍不住開了口，用這套在年輕人身上使用過無數次的話術，教育這個還不是他們公司員工的邱同學。

「我知道實際情況。」邱同學還是彬彬有禮的回答：「我請教過很多位學長學姐，你剛才說的實際情況，他們也都告訴過我。」

「那……」這位負責人聞言，有點疑惑。

「正是因為知道大多數公司達不到我的要求，所以我才特意先在這裡提出的。找工作是雙方的選擇，各取所需嘛，對吧？」邱同學說完，繼續等待著回覆。

「唉，這位同學啊，我多說幾句。你這個想法不對啊，趁年輕要多鍛煉自己，這是為自己今後的前途著想……。」座位上的另一位HR開始了語重心長的教誨，看這架勢，這套說辭他也沒少對年輕人重複。

邊上有幾個其他公司的HR頻頻點頭，顯然這位同行說出了他們礙於面子沒有說出口的話。邱同學就坐在那靜靜聽著，始終沒有反駁。

等這位經理說完，他點了點頭，還是有禮貌的說：「謝謝經理。」隨後他用詢問的眼神，看著在場其他公司的HR，似乎在期待另一種回答。

「我們公司給你的年薪可以達到六十七萬。」發言的是和我同行的我司主管：「五險一金，其他福利補助那些也都有。第一年你不能獨立接專案，收入相對比較少，往後幾年薪水就會有比較大幅度的提升。只是加班這點，你也知道，行業現狀就是這樣。很多時候大家加班是因為甲方催促，不是公司內部管理的要求，我們確實沒辦法。」

我的同事倒是沒有用居高臨下的口吻說話，只是平靜提出了我方能力範圍內的條件。

邱同學點了點頭，低著頭，似乎在考慮。

一輩子都要求自己當好孩子，太辛苦了

「我們公司也可以給你六十七萬的年薪！」坐在右側的一個中年人大手一揮，突然開了口：「而且，我們可以保證你不用加班！」此話一出，滿座皆驚。

我留意了一下說話的中年人，他並非我們的同行。他是那家公司的總經理，因為看中了這所大學研究生的實力，所以親自到現場徵才。

「好，那我的意向差不多確定了，接下來的問題我和你私下交流吧？我就不耽

誤後面同學的時間了。」在聽到這位總經理表態之後，邱同學也立刻給出了回應，堪稱一個乾脆俐落。看來，他的需求非常明確，他只要求這一件事情。

作為這一輪競爭的優勝者，那位總經理笑呵呵的答應：「好！」不出所料，後來邱同學去了這家承諾他不用加班的公司。除了六十七萬的年薪，他還能從政府那拿到幾十萬的人才獎勵金。

我一直想告訴大家，**世界上所有「沒辦法」的事，其實都是有辦法的**。只是看你想要什麼，又願意放棄什麼。很多說著「沒辦法」的既得利益者，只是不願意放棄現狀為他帶來的好處而已。

我們知道，職場的很多規則是殘酷、反人性的。大多數年輕人如果選擇硬著頭皮對抗，結果通常會很慘烈。

正是因為大多數人處境艱難，所以當我看到有學歷和能力優秀的年輕人，勇於對抗職場規則，並且還能全身而退的時候，才會像看到網路「爽文」[1]一樣愉悅。這畢竟證明了某種可能性的存在——如果所有捍衛個人權利的人都沒有好下場，那這個世界也太令人絕望了。

正如那些爽文中的主角一樣，他們是憑藉自己的天資和夜以繼日的努力，換來了和規則抗衡的資格。

以如今大學和研究所競爭之激烈，他們能考上那樣的學校，並且以優異的成績畢業，十多年如一日的辛苦一定少不了。公司的管理者也是看中了他們任勞任怨的性格，才會在徵才時相當青睞他們。

可是，如今在這些最優秀的年輕人裡，也存在這一種特別的類型：**他們多年刻苦付出，就是為了在踏入職場之後，有選擇「不繼續刻苦」的權利**。

他們是為了自己努力，而不是為了企業努力。只要他們願意，他們就可以選擇用此前所有的努力，交換一個在職場中「做自己」的籌碼。

是的，在度過了懸梁刺骨的少年時期之後，已經有越來越多的「好孩子」意識到，**一輩子都要求自己當好孩子是一件辛苦，而且沒有必要的事情。**

所有認為名校畢業生習慣力爭上游，所以傾向於招聘他們的企業管理者，接下

---

1 編按：指主角從開始到結尾都順風順水的故事。

來都要面對這樣的改變：企業管理者眼中的「八、九點鐘的太陽」[2]，早已經因為激烈的競爭而疲憊不堪了。

想想這些「職場新人」過去十多年所經歷的人生吧。考高中、考大學、考研究所，熬到深夜也寫不完的作業，週末和假期的補習課程，一次又一次的分數排名，在導師施壓下不得不做的專案，「爸爸媽媽以後就靠你了」之類來自成年人的焦慮情緒⋯⋯。

是的，哪怕是角鬥場中的勝利者，也是會累的。

我們說他們是年輕人，但**他們在踏入職場之前，其實已經經歷過了十幾年的「工作」**。他們年輕，卻筋疲力盡。於是他們中的一些人決定，用努力換來的學歷，用過往勝利的獎章，換取停止奮鬥的資格。

從此他們無須勉強自己，無須折磨自己。在職場前輩的眼中，他們的事業只是起點，而年輕人卻覺得這是終點——終於可以停一停拚搏的腳步了。

正如另一場招募會上，對於我給出的高於平均水準的年薪，某位同學反問我的一句話：「錢多也要有命花啊，不是嗎？」

2 編按：毛澤東在五〇年代對中國兒童的稱呼，那時的兒童剛好與中華人民共和國同齡，或者相差前後兩、三年，文革後通稱老三界中學生。

16

觀察者

「幫老總收行李，是我在大公司的工作……。」

在職場學習的同時，也不要忘了質疑。

如果收到小王履歷的時間是二〇二一年，我應該不會有多少驚訝的情緒，反而會覺得十分正常。因為就在那一年，他畢業後入職的那家，曾經輝煌一時的五百強公司資金鏈斷裂，日薄西山。員工們為了生計作鳥獸散，我也收到過很多份這家公司離職員工的履歷。

但是在我收到小王履歷的二〇一八年，這家地產公司正如日中天。哪怕完全不關注社會新聞的人，也一定聽過這家公司的名號。

而我作為人力資源行業的從業者，可以想見在所有招募會的場合，他們公司的攤位前一定都人滿為患。對於他們公司的HR來說，在面對每一個求職者時，都可以省去「介紹自己公司」這個步驟，因為他們可以假設所有人都了解他們公司。但就是在那個時候，小王選擇了從這家公司離職。

我們是下午開始面試的，但一直聊到了晚上七點半。公司辦公室關門了，我們就挪到了一樓，兩個人站在那又聊了好一陣。電玩遊戲、情感狀態、工作經歷、社會新聞、時政觀點……什麼話題我們都能聊上兩句。

當然，也包括我從看到他履歷時，就感到好奇的問題——他為什麼會從這家大企業離職？而他講述的原因，讓我這個只在新聞上仰慕那家企業的局外人跌破眼鏡。

他對我的反應倒是不意外，因為在他剛畢業選擇這家公司的時候，想法也是一樣的。大家都知道，工作難找，好工作更難找。就在小王和同一屆的大四同學比較各家企業的優劣、試探性的四處投遞履歷時，這家大公司橫空出世，在他所在的大學辦了一場校園招募。

大公司大平臺，高薪高成長性，這工作看起來讓人挑不出任何瑕疵，很多同學都參與了競爭。收到錄取通知時，小王自然喜不自勝，同學們也紛紛用羨慕、嫉妒的語氣，向他表達了祝賀。

入職以後小王發現，和他同期透過校園徵才而來的員工，來到這裡的原因大多也和他一樣，覺得這家地產公司肯定是自己職業生涯的最優選擇。

不要說還沒進入社會的學生，就連我們這些在職場幾年的人也會認為：如果不是管理水準卓越、激勵機制豐富、執行力強的公司團隊，又怎麼能在激烈的市場競爭中獲取勝出呢？市場就是公司水準最好的試金石，不是嗎？

然而，導致他後來離職的事件，很快就接二連三的出現了。學生們入職之前，公司的ＨＲ向這些優秀的畢業生承諾，入職以後公司會給他們提供宿舍。

學生們也沒有過多詢問宿舍的條件。因為他們心想，這麼大的公司，上千億的年營業額，難道還會坑你嗎？答案是：會。

公司安排了三房一廳的宿舍，而每間房裡面要住十二個人。三個臥室全是上下鋪的鐵架床。畢業生們剛想說服自己「大不了就和在學校宿舍一樣嘛」，然而一屁股坐在床上，就發現了和宿舍不一樣的地方。

床板發出了很誇張的，似乎要斷裂般的聲響。他們低頭仔細的看了看，發現那床板還沒有一節手指頭厚。此後他們睡在這張床上的每一個日夜、每一次翻身，薄薄的劣質木板都會用聲音警告床上的人：床隨時有塌陷的風險。

不僅如此，十二個上班時間一樣的同事，共用兩個甚至一個浴室，你能想像每天他們早起上班時的場景嗎？

年輕的員工們開始抱怨，公司那麼多的利潤到底都花到哪去了？但還是各自投入了工作。然而，就在工作一段時間以後，他們找到了答案。他們發現，分公司主管在私下消費時，花的都是公司的錢。例如，剛才提到關於床的話題，以一種我沒有想到的方向進行了下去。

幫老總收行李、監督清潔阿姨，是我在大公司的工作

「有次我們分公司的老總買了一張床（當然是自己家裡用的床），花了二十萬元，而且是公司出的錢。」

「啊？」我不知道是該驚訝於那張床的價格，還是該驚訝於竟然有這種操作。

「也不用怕作帳時出問題，只要上級一句話，下面的人去弄張發票就是了。」他補充道。

光老總買這一張床的二十萬元，就可以買很多稍微結實點的員工宿舍床板了，但顯然，公司的錢並沒有花在符合公司利益的地方。

分公司老總喜歡用公司的錢買生活用品，而且完全不在乎價格，這件事在公司裡可以說是公開的祕密。凡是你能想到的生活用品，老總說句話就能免費拿到，然

後讓財務去操心後續的事情。

上級並不遮掩，下屬也習慣性奉令，以致這個對這家大公司而言算是醜聞的事情，就連剛入職的新員工也多有耳聞。

而且主管私自挪用的不只是錢，還有公司的人。小王入職那家公司時被安排在人力資源部門，也就是我的同行。過了一段時間以後，小王的主管告訴他，老總需要一個祕書，所以希望他能配合公司輪調職位。

按照內部說明，祕書是負責收發檔案、寫寫稿子、安排行程之類的工作，於是他同意了。沒想到，他很快就收到了他沒有想到的、常態化的工作任務——幫忙收拾出差要用的行李，以及監督老總家裡清潔阿姨的工作，如此種種。

你可能會說這應該是生活助理的工作，可是這家公司並沒有生活助理這個職位，原因我們現在已經知道了——考慮到老總買私人用品永遠在公司報帳，這位領導人似乎把整個公司的人，都當成了他的私人生活助理。

比如，去老總家裡打掃的阿姨，也是公司的員工。當小王說到自己要幫主管收拾整理貼身衣褲時，我看見他使勁的皺了皺眉。我想像了一下，如果是我做這件事的畫面，心裡也有一種很不舒服的感覺。

總之，這家五百強巨頭企業的分公司老總，把公司的一切都視為屬於自己的，並且絲毫沒有遮掩的意思；公司的錢財自己花、公司的雇員自己用。按照小王同學的說法，分公司老總就是「一方諸侯」，沒有人能管他做什麼或者不做什麼。

在一個有健全制度的大企業裡，管理者本人之所以可以「從心所欲不逾矩」，是因為那些規章從來都刑不上大夫。名義上的公司資源，無論是人、錢、物，實際上都更像是個人的私產。

「這麼大的公司，就沒有從內部產生一些糾錯機制嗎？」我問道。

他回憶了一下，說：「是有的。之前公司裡也有人發現了這個問題，成立了一個『官僚主義督察辦公室』。我不太記得了，大概是叫這個名字吧。」

「然後呢？」

「一開始是有點用的。但這個督察辦公室有績效壓力，後來被處罰的就都是普通員工了，被各級主管推出來背黑鍋的員工。上級繼續盛行官僚主義，扣的卻是員工的錢。沒辦法，上行下效，總公司也是同樣的風氣。」

隨後他對我說了一個故事：總公司主管的兒子來分公司「視察」，要求住五星級酒店，房間裡必須擺上某種進口水果。這聽得我繼續目瞪口呆。「問題是，你好不容易買來了水果放在床頭，他又不一定吃，有時候甚至一口都沒動。但如果你沒放，那少爺一定大發脾氣。」小王無奈攤了攤手：「如果總公司的老闆們都放任這種風氣，你真的一點辦法也沒有。」

身為祕書，小王在經歷了替老總收拾行李、監督清潔阿姨打掃等「工作內容」之後，終於咬咬牙選擇了辭職。

在職場除了學習，也別忘了質疑

除了情緒上的壓抑，這些所謂的工作，消耗了他大量的時間和精力，卻顯然並不能讓他得到任何成長，這也是他離職的原因之一。

他身邊不知內情的同學朋友，聽到他離職的消息都驚訝莫名，不知道他為什麼要辭去這個來之不易的五百強企業工作。但聽過完整的故事之後，我們就會發現，那些名聲在外、令求職者趨之若鶩的所謂大公司，盛名之下，其實難副。

畢業生求職的時候，常常會用仰望的姿態面對大公司，能想到的只有「我入職以後要多學習」。可事實上，工作多年，並且在面試交流的過程中，聽說了各種混亂而詭異的大公司管理現狀之後，我想告訴大家的是，有很多名聲在外的大公司，似乎也是糊裡糊塗走到今天的。

公司內部創始人、高階主管甚至員工們，很可能都被一時漂亮的業績蒙住了雙眼，並且把事實上來自運氣的成功，全部歸因於自己的英明領導或者卓越才華。自負和傲慢就像病毒一樣，在他們漂亮的辦公大樓裡傳播，沒有人能意識到公司已經病入膏肓的事實。直到大廈崩塌。

所以我和小王同學都有同樣的建議：**進入一家公司時，不要只抱著「學習」的心態觀察職場；在學習的同時，也不要忘了「質疑」**。

世界上並不是只有這一家公司，公司灌輸給員工的價值觀和規則，未必真的如管理層們表現出的那樣正確——哪怕這真的是一家名聲在外的行業龍頭公司。

在這場談話發生的當下，我們都很好奇，一個制度無法生效、管理如此混亂的公司，是憑藉什麼在市場競爭的試煉中，年復一年戰勝其他的諸多競爭對手？而在寫下這個故事時，我們都獲得了答案。

這家公司已經瀕臨破產，那個曾經輝煌的名字，不斷出現在負面的新聞中，而高階主管生活奢靡的新聞報導，也早已不再是祕密。參考前面小王講過的故事，我們大概能了解他們花掉的錢都出自哪裡。

換過掌門人依然成長，就是好公司

在風口上起飛，其實不能證明什麼；當風停了的時候，該下墜的，總會下墜。

二〇二一年，我因為要寫這本書，所以與小王安排了一次採訪，補完了一些幾年前他沒有聊到的細節。

得知我的來意和這本書的主題後，小王也給出了他的求職建議：**求職時，盡量**

選擇那些更換過公司掌門人之後，經營勢頭依然能穩定向上的公司。

小王的經驗告訴他，如果一家公司只是靠創始人個人的威望在維持運轉，那麼你並不能確定，這家公司的成果是來自合理的管理制度，還是依賴某一個人。依賴個人威望運轉的公司，制度很容易形同虛設；當制度無法對人形成制約的時候，公司利益就很容易成為某些人的玩物。而在公司裡上班的年輕人，也就是我們，通常就會成為這類混亂事件發生後的犧牲品。

比如，被那個「官僚主義督察辦公室」扣了工錢的普通員工們。

職場上經常出現這類荒謬的事。所以在經歷過兩份企業的行政工作以後，小王選擇了報考部隊的文職工作。在他給出上面這些建議時，他已經考上了心儀的職位，當天晚上就要收拾行李返回家鄉，隨時準備報到上任。

而他的高中同學，與他相戀多年的女友，也和他一起返回了家鄉，正在備考教師。我見過他的女友，她是個很漂亮、很可愛的女孩。當初小王來到我司求職，是因為女孩考上了我們這座城市的研究所，如今，兩個人又要並肩回到他們相識相知的家鄉。

他說等到女孩工作穩定下來，就要準備訂婚的喜酒了。是的，這又是一段不離不棄的愛情長跑。從學校到職場，從南方到北方，十多年、幾萬公里的人生路上，放棄愛情從來就沒有成為他們的選項。

我一直覺得痴情的人很聰明。花花世界，年輕的心一路走來，要面臨無數的誘惑和選擇，可是**痴情的人能始終保持清醒，知道對自己而言最有價值的是什麼，然後牢牢的抓住它，怎麼也不放手。**他人笑我太瘋癲，我笑他人看不穿。祝小王和他的未婚妻百年好合，一生安樂。

連接兩顆心的，是年幼時青梅竹馬的羈絆，而在成年以後，他們也為這份羈絆構築了牢固的經濟基礎。男生已經考上了待遇很好的工作，而以女生的能力，考上教師也只是時間問題。他們不僅深愛對方，而且還知道用什麼方法，守護一段感情才是最有效的——這個問題的答案，顯然不是眼淚或者甜言蜜語。

你如果見過他們的決心，就會相信，這個祝福一定會成為事實。

17

老廠長

兢兢業業一輩子，因為心臟病被解雇，

過往的功績，並沒有讓公司多給他一些憐憫。

我接到了一通朋友的電話，他說自己五十九歲的父親在即將退休時，被公司解雇了。

小時候我的家境不是很好，而我的朋友是個富二代。一開始他的父母沒給他多少零用錢，所以我們兩人經常在校門口的燒烤攤上，合買五毛錢一串的炸白粿。其實那只是用廉價地溝油炸出來的白粿，上面抹了些同樣廉價的番茄醬，但是我們一人吃半條，也還是能吃得津津有味。

暫時的貧窮讓我們成了朋友，直到我和幾個同學第一次去他家玩。當我們幾個人圍著電腦玩遊戲時，朋友的父親回來了。他笑著招呼我們別玩電腦了，要帶我們出門打高爾夫球。

我對這個中年人的第一印象，也是在這個時候建立的。他說話時的語氣、笑容和肢體動作，無一不散發出一種氣勢，好像你只要跟著他，所有的問題都不是問題。我們在其他的長輩或老師身上，很少見到這種類似的氣勢。

所以電腦玩得正過癮的小朋友們都沒有異議，就這麼自然而然的跟著別人家的爸爸出了門。我們的娛樂面積就這麼從一小塊電腦螢幕，擴大到了一眼望不到盡頭的高爾夫球場。

那天朋友的父親帶著三個孩子玩了一下午，花掉了十幾年前的兩千多塊錢——今天大多數的商務招待，都用不了這麼多，更不用說當晚奢華的晚宴。

要知道，當時街邊的乾麵才一塊五毛錢一碗，而我心心念念的、只有逢年過節才能吃得起的燒雞，也只不過二十塊錢一隻。那應該是我第一次認識到，**不同的人對於金錢有著不同的尺度**。

朋友的父親是個事業非常成功的人。改革開放初期，他作為一家臺資企業的員工，從臺灣來到中國，並在技術基層做起，一步一步升到了高階管理層。他曾經是集團公司核心技術部門的負責人，也管理過許多家工廠。

你可以想像，一九九〇年代開工廠做生意能掙多少錢，不斷湧入的巨額現金，帶給他的不僅是富裕的物質生活，還有社會地位和滿足感。

事業成功的人會自帶一種權威光環。這種光環不僅會讓他更容易獲得他人的信任，也會不斷加固本人的自我認同感。這種絕對的自信，讓他無論在家庭中還是在職場上，都有一種強勢的魅力。

後來我受邀參與了幾次朋友家裡的應酬，朋友的父親在酒桌上那種豪邁的、似乎可以主導一切的熱情，我沒有在其他大人身上見到過。

最終，我的朋友也的確繼承了一些成功人士的特質，比如自信、敢於冒險的性格，以及之前我提到過的，在社交場合上的那種熱情的感染力。

我看著三十二歲的他和人打交道，總能看到一些他父親當年的影子。

改不掉一擲千金，都是因為過於自信

時間過去了很多年。中國國內人力成本越來越高，製造業日漸式微，朋友父親的總公司決定把工廠搬遷到越南。

這位二十年來披荊斬棘的男人，第一次面臨無法抗衡的挑戰；而這次的挑戰來源於大環境的變化，這並非透過他個人的能力和努力能夠解決的。

我以為他肯定會離職重新找一份工作，但我的朋友告訴我，那個時候國內製造業紛紛外移，他在國內已經很難找到能夠匹配自身條件的職位了。最終這個年近五十歲的中年人只能重新出發，遠赴萬里，去到了河內，那個他連語言都不相通的異國首都。

這是一家知名運動鞋品牌在越南的代工廠，為當地提供了四千多個就業機會，因此也算在當地很能說得上話的大企業。盡管如此，他畢竟身處異國他鄉，語言不通、水土不服、毫無人脈。

不知道這個中年男人，是怎麼在別人聽不懂中文的土地上繼續統籌一切的，我們只知道，在很短的時間內，工廠就順利運轉了起來。而他，也做回了那個一呼百應的領導者。

我的朋友曾經去河內看望過父親，以上這些是朋友回來以後，和我聊天時告訴我的；同時告訴我的，還有越南男人寧可每天坐在街邊集體喝茶，也不願意上班之類的其他見聞。

總之在人近中年的時候，這個男人依然憑藉自己的能力，在逆境中把偏離的命運重新拉回了正軌。因為他總能賺到很多錢，哪怕經歷過挫折依然如此，所以在消費上，他也一直維持著一擲千金的習慣。

按理說，他拿了半輩子的高薪，扎實的踩在了過去三十年中國經濟崛起的風口上，早就該財務自由了才對。可是**這個中年人太自信了，相信自己無須節流，因為一定能繼續開源**。

在幾十年裡，他把掙來的錢幾乎全花了出去。他在應酬交際上揮金如土，可是最終，這些金錢並沒有給他帶來應有的回報，只換來了豪爽、好客的名聲。

當然，朋友家裡也花了點錢買房投資，但兩套三線城市房子的總值，對比他當年的身家，大概只能算是九牛一毛。而在過去十年裡，就連這兩套房產他也都先後脫手變現了，不知道消費在了什麼地方。

打拚三十年，抵不過一場心臟病

這時候朋友的父親已經接近退休年齡，兩個兒子一個已經開始工作，一個出國留學，都算爭氣。他再安安穩穩過些日子，就可以拿著退休金享清福了——雖然習慣身處高位的人，退了休往往會覺得寂寞，但這種問題以後再考慮也不遲。

然後，在他五十九歲的這一年，他收到了公司通知。**兢兢業業一輩子的他，在心臟病病假期間，被公司解雇了。**

當時朋友的父親年事漸高，又為公司在異國奔波操勞，心臟病有逐漸惡化的跡象，需要住院動手術治療。但越南當地的醫療條件很差，他不得不請假回到臺灣動手術。

當他躺在醫院的病床上時，公司向他發出了解雇通知，他離開了付出多年心血的工廠，卻再也沒有機會回去。

解雇他之後的短時間內，這家企業就成功上市了。公司的意圖很明顯，在上市之前解雇高階主管，就能省下一大筆股權分紅的支出，同時省下的還有之後很多年需要支付給他的退休金。他們認為這位老廠長身體欠佳，也沒了衝勁，已經無法再為公司拚搏奮鬥，創造效益了。

朋友父親這一生為公司創造過無數利潤，但是當他年老力乏時，**公司並沒有因**

為他過往的功績，就多給他一絲憐憫。無論是他晚年的生計，還是這位為公司貢獻多年的老員工面子，都不在公司的考慮範圍內。

朋友說到這裡的時候，我在氣憤之餘也認為，雖然這件事公司做得太過冷血，但好在朋友的父親不會有生計上的擔憂。因為辭退一個薪水頗高的高管，公司很可能還要支付高額的賠償金，但從朋友後續的講述中，我才知道事實並非如此。

這位老廠長在公司從業多年，雖然他的年薪總額頗豐，但是公司替他繳納養老保險時的基數並非他實際的薪水，而是最低基本工資的基數。

這是一些企業用來節省人力成本的方法，我曾經見過實際月薪八萬元的員工，底薪也可能只有兩萬元，並且勞動合約中並無約定薪酬具體數字的條款。同理，老廠長收到的賠償金計算基數，也是某個極低的基本工資。

也就是說，以極低的基數計算出的養老金和補償金，無法確保他接下來二、三十年的生計無憂。如今，年近六旬的他，不得不重新面對謀生的問題。

我們旁人說起來，似乎覺得朋友的父親很是辛酸，但他本人似乎並沒有陷入焦慮，或者產生嚴重的危機感。因為就在被辭退後，他選擇將所有養老金全額取出[1]，為自己買了一輛價值不菲的新車。並且，我在寫這篇故事時剛剛得知，他又把剛買到手還沒開幾個月的新車賣了。

汽車可以說是貶值極其嚴重的商品之一，這次賣出的價格比買進的價格足足少了接近四十萬元，這是他為了幾個月的開車愉悅感支付的代價。

我的朋友對於自己的父親在這個處境下，依然想維持隨心所欲的消費習慣很是不解。

在我和朋友看來，在年老失業且失去收入的情況下，他更要留住這筆錢，因為那是他接下來不知多長時間生活費來源——但朋友瀟灑了一輩子的父親顯然並不這麼認為。那麼接下來的二、三十年，他要怎麼過呢？

我的朋友為此日夜焦慮，但他的父親似乎並不擔憂。對於兒子走法律途徑向公司索賠的建議，他也興趣寥寥。

他延續了一生的豪氣和自信，在這個時候依然發揮著作用。在他的字典裡似乎

1 作者按：這也意味著晚年他將失去按月發放的養老金。

沒有「居安思危」這個詞，因為他習慣了這樣一個結論：自己的能力已經足夠強大，任何危機都不會真正成為問題。

事實上，**這份「自信」不僅導致了他富貴一生卻鮮有積蓄**，甚至這份自信導致的自負，正是職業生涯末期埋下隱患的根源。因為他太成功了。他不僅證明過自己一次，他證明過自己十次、百次，在幾十年的職業生涯中，他總能憑藉自己的能力化險為夷。

如上文所言，這些成功的經歷賦予了他一切盡在掌握的人格魅力，但同時，他也因此認定自己的知識和能力，已經足以面對社會的一切變化。

只是，在越南任職的那幾年，他純靠個人經驗而缺乏理論知識的管理方式，已經漸漸落後於新時代，在異國更為複雜的職場環境中，在同時應對來自上級和下屬為了爭奪利益施加給他的壓力時，這位年老的高管事實上已經有些難以應付了。

但這位老廠長，依然不認為自己需要吸收新的知識和經驗，因為**他從前始終都能靠著自己的能力解決問題，他相信這次也可以**。同樣，他也依然不認為自己需要改變消費方式開始儲蓄，因為自己一直都能「千金散盡還複來」。

這份自信讓他從不自我懷疑，這份自信曾讓他戰勝過無數困難，但也是這份自信，讓他晚年落入了本來或許可以避免的處境。

大環境餽贈的成功，總有逆風的一天

那幾天朋友嘆息連連，大概是感嘆曾經無所不能的父親，晚年也出現沒辦法掌控的局面。而我聽到這個故事時，心情相當複雜。

其實，這個中年人的身上有一些我個人不大喜歡的特質，比如我不喜歡他作為父親時對兒子獨斷蠻橫的態度，也不適應他在酒桌上太過圓滑和世故。但如果排除這些因素，在我的青少年時代，這位朋友的父親，是我成長過程中遇到的為數不多的、靠自己拚下一番事業的長輩。

少年時代的我，試圖透過身邊長輩的特點閱讀社會規則，他所具備的自信、魄力、判斷力和社交技能，曾被那時的我，視為走向世俗成功的必要條件。

小時候的我以為，他的性格，就是社會競爭中贏家的特質。雖然我未必喜歡，但至少他是競爭中的勝利者，代表著一種正確的方向，或者說「答案」。

但隨著故事的時間線越拉越長，隨著我們有機會看到他職業生涯的結局，似乎這些個人的特質並非總是能起到作用。

在職業生涯的後半程，他一直沒能找回曾經向上的勢頭。雖然一開始他在河內成功站穩了腳跟，但是隨著時間推移，在被越來越不利的製造業環境一步步逼退的過程中，**那些幫助他在順風時闖下一番事業的性格特徵，並沒能幫助他在逆風時持續翻盤**。

為他帶來人脈的社交能力、為公司創造價值的技術能力、多年管理工作的經驗、走遍國內外的豐富閱歷、他的自信……所有的這些，都不能改變他最終被公司放棄的結局。

他當年敢於離開家鄉到中國重新開始，是因為有不瞻前顧後的勇氣，和敢於冒險的決心，正是這些特質讓他獲得了成功。但如果他在職業生涯中後期能瞻前顧後一些、少冒險一些、多一些危機意識、多一些儲蓄，那麼晚年他很可能就無須為了生計憂愁。

似乎那些所謂的**「成功特質」，更像是雙面刃**。那些性格應該被視為優點還是缺點，是有利還是有害，似乎是**取決於大環境和趨勢，而不是取決於自己**。

其實很多的成功人士，以及我們這些旁觀者，都**無法判斷那些成就有多少是來自本人的奮鬥，又有多少是來自時代大勢的饋贈**。而當故事到達結局的時候，我們又會感嘆，一個人即使再強大，面對環境的變化和老去的年齡，也總會有無可奈何的時候。

我們在史書裡看到過很多次這樣令人遺憾的事，但當它就發生在自己身邊時，還是不由得深深嘆息。

這個故事寫到結尾，我忽然想起另一個故事裡，我和周老師的對話。

「別的公司，會把員工養到退休嗎？」

「當然不會。」

他說這句話時，**嘴角有一絲嘲諷之意**，也不知道他是在笑這個願望的天真，還是笑人心的涼薄。

18

造方舟的人

對於「想做什麼」這個很多人在探詢的問題，

他完全沒有想要找到解答的念頭。

上一篇故事裡提到，對於成功的創業者而言，敢於冒險的性格和幾乎有些盲目的自信，是把雙面刃。在屬於冒險者的時代，賭徒般的自信可以讓人乘著時運扶搖直上，但到了時不我與的時候，這股自信卻會使人盲目投入積蓄和精力，最終耗盡前半生所累積的一切。

就在朋友和我聊到他父親的遭遇之後，我在面試時遇到了小謝同學。他給我描述了一個開頭相似，結局卻完全不同的上個時代創業者的故事。

他是一個很乖的男生——這是我對小謝的第一印象。他的身高目測在一米八以上，但當你和他說話的時候，你會覺得坐在對面的是個很害羞、很單純的孩子。接下來，我也了解到了他談吐、舉止青澀的原因。

他大學唸完之後到澳洲就讀研究所，畢業後嘗試過在國外找工作，卻因為沒有永久居留身分而頻頻失利。

幾個月求職無門、無所事事後，他終於在父母的要求下回到了家鄉，並且在父母的安排下，到本地的幾家國有企業應徵，理由我們都很熟悉了——這是一份「穩定」的工作。

在我們交談的整個過程中，我了解到，小謝沒有過任何一次的實習經歷，讀書的幾年間也從來沒有做過兼職，所以沒有接觸職場的經驗。在這一點上，他和前文提到的小白同學，是兩個完全相反的例子。

對於職場上的人際交流，他還處於小心翼翼摸索的狀態，所以跟他說話時，我能夠很明顯感覺到這是一個還未踏出校門的學生。甚至在聽到他的某些回答時，腦子裡會冒出：「這真的還是個孩子」的念頭。

於是在我們聊到某些比較私人的話題時，我忍不住跟他提了一個小建議：在職場上不要和同事什麼都說。

他聽了以後很嚴肅的點了點頭，又問我那他要怎麼拒絕這類問題。

「你只要說：『不好意思，這個不方便透露。』就好了，這是最簡單的拒絕方法。」我隨口說道。他又很認真的點了點頭。

對於「自己想做什麼」，這個很多年輕人都在探尋答案的問題，小謝完全沒有想要找到答案的念頭，否則在過去的幾年中，他早就著手蒐集資訊了。**他覺得目前自己的現狀已經很好了，無須做什麼改變。**

並且，他和父母之間的關係非常好——說到這裡的時候，小謝張開了雙臂笑著說：「我每天回家都會擁抱他們」。所以最終，他快樂的接受了父母的計畫，來到這裡面試。

讓謝同學如此安逸從未焦慮的原因，是他的家境和父母的教育方式。小謝的父母在二十歲時就生下了他，然後夫婦二人開始聯手創業。

一開始，他們利用地區之間的物價差和資訊差，做一些批發小生意。比如一九九〇年代初期，有一次小謝的父親發現本地工人都買不到工作手套，於是夫婦倆就坐火車到了義烏，一家家考察手套的品質，最終進了一大堆手套運回家鄉，以高出成本三到四倍的價格賣了出去。

這一單，讓當年的年輕夫妻掙到了幾萬塊錢。那時候小謝的父親才二十出頭，和今天應屆畢業的同學差不多大，但那時的他跑了這一單，就抵過很多上班族辛苦好幾年的薪水。

幾年之後，攢下一些積蓄的夫婦兩人在市郊買了一塊地，蓋了一家紡織廠，生產製作衣物用的毛線。廠裡的工人，都是一些從西部省分到沿海城市打工的農民工，據小謝回憶，很多工人不僅不識字，甚至連普通話都完全不會說。

很多時候，來自不同省分的工人溝通，竟然需要用手比畫，因為他們聽不懂對方所說的方言，這給生產造成過很多的麻煩。在這種情況下，小謝的父母依然會雇用文化程度較低的外來務工人員，自然是因為便宜的用工成本。

我對小謝提起，之前林同學說的「十萬元專案只需要給學生幾百塊酬勞」的事，他低下頭，很不好意思的撓了撓腦袋。

「嗯……開工廠肯定是從工人身上掙錢的。」這位廠長的孩子如是說。至於「掙錢」的具體數字和比例，我就不方便打聽了。

時運不會永遠在——省吃儉用的富豪父母

紡織廠就這麼開了下去，前十幾年的生意都不錯，夫婦倆賺了不少錢。故事講到這裡，其實小謝同學的父親和上一篇故事中我朋友的父親，成功的路徑大體上是重合的。

他們都抓住了時代的紅利，積攢了人生的第一桶金。只不過，雖然他們成功的路徑大體相同，他們也同樣作為開廠掙錢的老闆，**但這兩位父親的性格和觀念截然不同，這也決定了他們截然不同的後半生**。

正如前文所述，我朋友的父親是一個非常自信的人，因為相信自己的能力，所以相信「千金散盡還複來」。他很享受和朋友們喝酒享樂時，花錢買單的快感，這讓他博得了一個豪爽大氣的好名聲，是一件讓他特別有滿足感的事情。

而小謝的父親，白手起家的創業老闆，卻從一開始就認為，**一切成功都不是因為自己有過人之處，而是純粹因為時運——而所有的時運，都不會永恆存在**。

所以，哪怕在生意如日中天的時候，他也一直在等待著屬於自己的時代過去的那一天，並且也一直在為那一天做著準備。我們可以很容易從小謝對日常生活的描述中，察覺到這對富豪父母二十多年來，從未放下的焦慮。

比如，他父親這些年賺的錢，大部分都用在了買房上，而不是用於生活消費。據小謝的粗略估計，除了自住房，他家之前就有五套以上的房子用於出租。小謝在澳洲留學期間也買了房子和車庫，在他回國以後，也將房子和車庫租了出去。

相比買房的大手筆，小謝父母在吃穿用度上極為節省，有時候甚至節省到了偏執的程度。小謝說他和父母出門，幾乎都是在街邊的小麵館裡隨便吃點，一碗麻醬麵就能應付一餐。他們只要吃飽，不追求吃好。三個人上街吃一餐飯，有時候還花不了兩百元。

他說這些的時候，我又想起了十幾年前的那場高爾夫球，還有那天奢華晚宴上朋友父親豪爽的笑容。

「哦，對了……」小謝忽然想起一件事，臉上浮現出很迷惑的表情：「有一次我摔斷了腿，爸爸媽媽送我去醫院。因為我不方便走路，所以爸爸就把車停在了離醫院很近的停車場，但是停車費就要貴二十元。」

「這沒有什麼問題啊。」我說。

「可是我媽為了這二十元非常生氣，和我爸吵了一整天的架，數落他現在有錢了，就養成了亂花錢的習慣。」

「可是你不是腿斷了不方便走路嗎？」我也變得和他一樣迷惑了。

「是啊，所以我到今天也沒想明白。」小謝攤了攤手，繼續說他父母的故事，他馬上就要說到一個重大的轉捩點了。

最近幾年，國內製造業的人工成本逐漸變高，企業之間的競爭也越來越激烈。紡織廠利潤越來越稀薄時，似乎小謝父母擔心的事情正在發生——時運一點點的在離他們而去。就在這時，他們收到了工廠被劃入拆遷區域的通知。

「拆遷款有多少？」我感興趣的問。

「嗯……這個問題不方便說，嘿嘿。」小謝剛想張口，忽然想起了我剛才告訴他的「不要和同事什麼都說」的小建議，於是改口冒出了這一句話。他還是學著我剛才說話的語氣說的。

「那這樣好了，你只說是高於九千萬還是低於九千萬就好。」我出於好奇想套他的話。

他猶豫了好幾秒，然後開始支支吾吾。「嗯……嗯……好像差不多吧。」他很含糊的說。

根據他的表情和語調我基本可以確定，拆遷款應該是高於九千萬的，否則他臉上應該就是「哪有那麼多」的表情了。

在工廠就要面臨虧損的時刻，卻有了這樣完美的套現離場機會，作為創業者，這簡直是上天砸到手裡的再創業資金。但是，小謝的父母卻決定徹底退休，不再開啟任何新的業務。

你就好好讀書，找個穩定的工作

「這輩子能掙錢，我們只是運氣好。」小謝的父親如是說。

有時候小謝會和父親聊起對自己的認知，他覺得比起父親自己實在差得太遠。在二十多歲的年齡，父母就已經掙到別人很多年的工資了，而他還一分錢都沒有掙過。不僅如此，他還一直花著父母的錢。

而父親給他的答覆是，如果自己出生在今天這個時代，發達的網路抹平了資訊差，又有方便快捷的物流系統，那麼自己根本就不會有掙到第一桶金的機會，後續的發展那就更不存在了。

「今天我也不知道機會在哪裡，所以你也不用對自己要求那麼苛刻。你就好好讀書，找個穩定、體面的工作，不要做違法亂紀的事情，老老實實的過日子，就可以了。」這就是父親對小謝的全部要求。

小謝說，拆遷款這筆飛來橫財，並沒有給他家庭的生活帶來任何變化。父母一樣是精打細算的活著，出門一樣只吃幾塊錢的乾麵，也還是會因為一些小小的花費相互鬥嘴。

「我感覺我爸媽這幾十年來，一直在互相監督對方的消費行為。賺了一百萬也好，賺了兩千萬也好，他們這根省錢的弦從來就沒有放鬆過，結果就是家裡沒有人敢花錢。但他們很寵我，我好像是全家唯一一個隨意花錢不會被罵的人。」說到這裡，小謝又不好意思的撓了撓頭，這好像是他和陌生人說話時的習慣性動作。

我有很多在國外留學的朋友，他們都和我提到過租房的經歷。而在小謝需要住房的時候，父母選擇了直接為他買房。當我詢問他有多少生活費時，他說自己並不是每個月固定拿生活費，而是刷父母信用卡的副卡，目前還沒有刷到過上限。

父母從小對小謝的教育嚴格而溫暖。我之所以說溫暖，是因為父母和他的關係一直都不錯，也沒有採用過打罵、詆毀自尊之類的方式來對待他；而嚴格，則是因為父母禁止了小謝的一切娛樂活動，當其他小朋友都可以看動畫或者出去玩時，他只能被關在房間裡「讀書」。

「其實我並沒有在讀書。把我關起來只是給他們提供心理安慰，**他們覺得我在讀書，就會覺得這個家未來有希望，就會不那麼焦慮。**」關於這一點，小謝倒是看得明白。

從小封閉的成長環境造成了兩個結果：其一是小謝內向的性格，這一點使他在後來的面試時，表現得很緊張和慌亂，這很容易成為他求職的阻礙；其二就是小謝對很多富家公子都熟悉的那些娛樂活動，完全不感興趣。

由於不喜歡和人打交道，他不去酒吧、不去ＫＴＶ，更是完全沒有去過不良場所。他不需要抗拒這些誘惑，因為在那些聲色場所裡他只會感到不舒適。他的愛好就只有逛商場購物和玩遊戲，這都是只要一個人就能完成的事情。

「所以逛商場買東西的快樂到底是什麼呢？我一直沒辦法理解。」這是我一直很好奇的問題。

對於這個問題，小謝猶豫了很久才回答：「我也不知道要怎麼描述……就是，嗯……買到東西的那一瞬間，有一種很爽的感覺！」說到最後一句話時，他忽然興奮起來，雙眼放光，還很使勁的揮了一下拳頭。

他一直處於小心翼翼說話的狀態，這突然的轉變著實讓我有些驚訝——不過我們不談這個話題之後，他很快又恢復了原來的樣子。

「其實看到父母花錢那麼節省，我買東西的時候心裡也有一點愧疚感。」可能是因為察覺到我的臉色有一點不自然，小謝又補充道：「所以你看，我出來找工作了，這樣就可以自己賺錢了。你看，如果我一個月能賺三萬塊錢，下次逛商場的時候，我就可以花自己的薪水了！」說到這裡，他又興奮的揮了一下拳頭。

我之所以臉色不自然，是因為聯想到了一些家境貧寒的同學，想起了他們跟我說工作掙錢以後想做些什麼……但我又把情緒收了回去，其實站在小謝的立場上，他也沒有做錯什麼吧？他只是個從未涉世的單純孩子罷了。

我提起了一些面試時遇到的窮人家孩子的故事，他聽得瞪大了眼睛。我可以看出，這些事他完全沒有接觸過，也無法想像。最後話題又回到了小謝的父親身上。

財務自由，卻一直被關在害怕失去的牢籠

雖然小謝的父親掙了很多錢，但貫串他整個人生的並不是成功的喜悅，而是嚴重到已經有些偏執的焦慮。如果從生活體驗上來看，他也從來沒有過上所謂「財務自由」的富足生活。

他一直認為自己掙到的錢是不該屬於自己的，所以一直處於害怕失去的焦慮和恐慌中。他頻繁的對兒子說起創業初期，他那些下海打拚的朋友的遭遇，很多人一步踏錯輸光了本錢，或者沉迷於一些不良嗜好毀掉了自己，變得窮困潦倒。

這位父親身邊每一個曾經輝煌卻歸於慘澹的人，都會讓他覺得自己只是一個被命運僥倖放過的倖存者，他根本不敢把成功歸因於自己。

所以他們對兒子管束得那麼嚴厲。事實上，這對身家數千萬的老闆夫婦對自己

的管束，更是嚴厲得多。**他約束的不僅是自己的物質欲望，還有自我實現的欲望。**一位創業半生且經驗豐富的老闆，四十多歲，正當壯年，怎麼會對新的事業沒有野心呢？怎麼會不留戀被人前呼後擁的快感呢？

但很顯然，他把自己的所有想法和欲望，都死死的壓在了心底。因為他認為在新的時代自己一定會輸，因此最好的策略就是什麼都不做，保住落袋為安的本金。

有個問題經常被網友拿出來討論：有錢了會不會變得快樂？至少在這個案例中，答案是否定的。有錢會催生更多的焦慮，我在我的朋友身上也發現了這一點。擁有的同時，也是恐懼失去的開始。

這是一個能和很多故事聯動的故事。家境優渥的小謝和家境不好的小梁，以及同樣出身商人家庭但在校時就創業開公司的小林，他們都是同齡人；小謝的父親和我朋友的父親都是開廠創業的老總，但他們看待世界、看待自己的方式和角度，是完全不同的。

我們也可以看到，兩種截然不同的性格和觀念，最終讓兩位二十世紀末的成功者度過了迥異的人生。

不過我想小謝的父母應該很欣慰，小謝至少如他們所願，沒有成長為一個整天只會花天酒地的紈綺子弟，而是變成了一個內向的、喜歡獨處的、聽爸爸媽媽話的單純少年。

因為聽父母的話，他也在努力找工作。其實他的學歷條件不差，而且他完全不在乎薪水多少，哪怕面試時表現得相對一般，想找到一份穩定的工作也並不困難。

在談話的最後，我和小謝相約他如果在工作中遇到了什麼想不通的事情，可以再來找我聊聊。哪怕他最終沒有入職我們公司也沒關係，大家可以交個朋友。

在聊天過程中，我們談得很愉快，所以小謝欣然應允。「其實自己掙錢自己花只是一個想法，我出來工作，主要還是想真正接觸一下社會，不想再這樣無所事事下去了。」小謝最後說。我想，上班以後他應該會有很大的成長，畢竟職場上的一切，對他來說都是陌生而嶄新的。

更何況，他要投身的設計行業是以工作強度大而聞名的，這樣一個單純的小孩面對赤裸裸的職場規則，又會有怎樣的想法呢？如果將來我們還有機會交流的話，我會把後續寫在下一本書裡的。

19

傲骨之妻

每天加班，週末和假日完全不存在。

反正，回家也只有一個人。

這個故事從某天晚上十點半，我接到一通電話後開始。電話來自4S店[1]的客戶經理胡女士，她提醒我汽車需要保養了。之前接到她的電話是在上班時間，那晚我感嘆了一句：「你們辛苦了」，寒暄幾句就掛了電話。然後我就忘了保養汽車這件事。

接到電話後的第二個月，晚上十點多，我再次接到了胡女士的電話，她問我什麼時間有空去店裡。我保證過幾天就去的同時，順便問她怎麼不上班時間打這些工作電話。

她說上班時間她一點空都抽不出來，要接客戶、開單、盯著修車師傅，十二個小時下來忙得團團轉，到了晚上九點以後才有空給客戶打電話。

接下來這位客戶經理，在電話裡吐了兩、三分鐘的苦水，大意是這份工作實在加班太多了。隨後她才發現，和客戶抱怨工作上的負面情緒似乎有些不合適，又連連向我道歉。可見她真的是憋了一肚子的情緒沒有人聽，才會明知道不合適還忍不住說了這麼多話。

我腦子裡浮現出一個畫面：晚上十一點還燈火通明的辦公室，以及辦公桌前筋疲力盡的打工人。我說：「沒關係，辛苦了，保養我會去做的。」

這回我沒忘記這件事，幾天後如約開車來到了店裡。和胡女士打過招呼以後，我才知道自己前幾天，腦子裡那個打工人加班的畫面，距離真實的情況還有很遠的差距。

這裡根本就沒有什麼「燈火通明的辦公室」。胡女士原本的辦公室一直都在裝修，春節後的這幾個月，她加班的地方是車行的外場。孤零零的一張木頭舊桌，緊貼著建築物的外牆，只有小學生的書桌那麼大。狹小的桌面上沒有一寸空餘的空間，電腦螢幕、鍵盤和電話座機已經擺滿了桌面，無處安放的檔案只能被堆疊在桌腿邊的水泥地上。

早春的二月寒風刺骨；到了五、六月，蚊子又成群結隊鑽了出來。更不要說下雨天，牆上簡陋的雨棚，並不能完全擋住雨滴。

胡女士每天加班到晚上十一點，四個月來沒有休息一天，週末和節假日也完全

1 編按：集整車銷售、零配件、售後服務、訊息反饋（Sale, Spare Part, Service, Survey）為一體的汽車銷售店。

不存在。而且，每天在一個無片瓦遮頭的地方加班。這家車行的老闆，甚至連一小間辦公室的租金都不捨得支付，簡直就是當代的黃世仁[2]。

我問她：「是老闆強制要求你整月不休息的嗎？」

「老闆沒有強制規定，但只要多做一天就能多掙一天的錢啊，你不做也會有人替你做了。」說到這裡，她面露自豪的神情：「這幾個月，我的業績都是第一。」

回家也是一個人，不如加班多賺點

我不知道該怎麼應對她的這份自豪感，因為這和那天晚上她在電話裡表露出的抱怨情緒自相矛盾。按照她那天晚上的意思，這樣高強度的加班她似乎是帶著怨氣被迫忍受的，而在此時的故事版本中，加班是她自己主動爭取業績的行為。

如果一個作者的文章前後立場完全相反，讀者肯定會覺得莫名其妙，但胡女士對加班的態度的確前後矛盾，或許真實的人就是複雜而矛盾的。很多時候，一個人會弄不清自己的想法到底是什麼。

其實，胡女士的上司也看到了她起早貪黑、全年無休的處境。他原本沒有伸出援手的意思，只是這位上司的某個朋友恰好想給兒子找份工作，於是胡女士的上司，就把這個十八歲的年輕人安排給胡女士當助手。

這樣他掙到了兩份人情，對朋友有了交代的同時，還能體恤忙碌的下屬。

這個十八歲的男孩就這麼來到了這間車行。胡女士一開始很高興，雖然這個小男生對汽車行業一竅不通，但她自己當時不也是從零開始一點點學會的嗎？所以她對這個小助理寄予了很高的期望，就先讓他分擔了一點基礎的工作。有空的時候，她還會教他一些基礎知識。

但胡女士很快發現，這個男生和當年的她唯一相似的就只有年齡而已。他對任何工作都沒有興趣，對於新行業的所有知識，也提不起一點學習的興趣。

胡女士給他安排了工作之後，便轉身去忙自己的事，等她想起這個「助理」的

2 編按：欺凌百姓的惡霸地主。

時候，總會看到他搬了把椅子坐在牆邊玩手機——至於工作，他自然是完全拋到腦後了。

作為一名HR，我發現了其中的問題：「可是公司應該有績效考核制度吧？」

「當然有啊。」胡女士答道：「可是年輕人根本不在乎。他在試用期就這麼懶散，每個月只能拿試用期底薪，公司也不用給他保險。但他家裡根本不缺錢，他爸爸是個開公司的老闆，一點點薪水人家根本不放在眼裡。」

「那他何必出來工作呢？」我很疑惑。

「也不是他自己想出來工作的。他爸爸覺得兒子這麼在家待下去，人要廢了，就逼著他不管做什麼，必須出去上個班。他就這麼坐在店裡玩手機，時間到了就走人。與其說他是在上班，還不如他說是在做戲給爸爸看。」

「他爸爸的想法倒是沒錯，但這麼個上班法……也沒什麼用吧？」

「他爸爸哪有空管這麼多啊？小孩小時候他忙，小孩長大了他還忙，他能給小孩安排個工作都算盡了心了。」胡女士說。

有這麼個「助理」存在，胡女士就更不能指望上司給她安排新的人手了。她也沒那麼多時間勸說這個小助理，與其花時間說服他工作，不如自己趕快把工作做完比較實在。她也沒辦法讓他辭職，因為錄用他是上司做出的決定。

沒想到在一家車行的員工臉上，我也能看到很熟悉的那種無奈的表情。

我們聊了幾句，又有其他車主開著車進來，胡女士趕忙迎了上去，我自顧自的找了個角落打開電腦開始寫稿。大概過去了一個半小時，胡女士發消息來說車子可以取了。可是等我走回外場時，修車師傅又告知我還有些收尾的工作要做。

這時已經過了下班時間，車主們和店裡的銷售人員都走了，只留下胡女士一個人。她還不能下班，晚上還有很多維繫客戶關係的電話要打，就像這四個月以來的每一天一樣。

我問她，她每天都這麼晚才回家，家裡人會不會不開心？胡女士一臉無奈的笑了笑：「我離婚兩年多啦，早回家也是自己一個人，還有房租要付……所以說啊，還是加班多掙點錢吧。」

「房租？那離婚時候的房子……」

「我是淨身出戶的，一分錢都沒有拿。」胡女士說到這裡，語氣裡並沒有不甘或者幽憤之情，更像有一種……解脫之意。

天色越來越暗了。車間裡一直沒有傳來新的消息，似乎修車師傅處理好那輛車是一件遙遙無期的事情。這給了我傾聽胡女士講述故事的時間，畢竟她十多年來的辛酸，也不是一、兩句話就能道盡。

第一次家暴——婚禮當天晚上

胡女士出身於一個農村家庭，從小的教育條件不算很好，最終她考上了一個大專院校，學的是護理。她其實很有自己的想法，讀到一半覺得不喜歡，就直接輟學了。

她離開了校園，謀生就成了迫在眉睫的問題。最終她選擇了汽車行業的售後服務工作，從零開始，一點一點自學與汽車相關的專業知識。

說到這裡，她指著附近停著的一輛車，給我講了一大堆的專業術語，說學某個部件的原理花了多少時間，學另一個部件的原理又花了多少時間……請原諒我的記憶力，我當時就完全沒有聽懂，更別說這會兒複述出來了。

經過了接近一年的刻苦學習，胡女士漸漸能在工作中獨當一面了，加上她熱情周到的工作態度，她的薪水一路水漲船高。謀生的問題解決了，家中父母的注意力就轉移到了婚育問題上，開始頻繁的催婚。

在父母不斷的威逼和脅迫下，她透過相親，認識了後來的丈夫。如果只是把條件擺上桌面來看，胡女士前夫的條件並不算差。他出身公務員家庭，父母都有穩定的養老保障，本人的工作能力也還不錯。

對方對胡女士也表示滿意，提出儘快結婚，胡女士的父母又想出了各式各樣的說辭，不斷在她耳邊催促。在多方的壓力下，兩人認識不到三個月，就草草領證舉辦了婚禮。沒想到他們結婚以後，前夫原形畢露。

「他第一次家暴是什麼時候？」我問她。

「婚禮當天晚上。」胡女士看著地上回答，臉上沒有一點表情。那個男人，連一刻的偽裝都不想多做。兩人結婚以後，胡女士的前夫幾乎每天晚上都出去喝酒，醉酒回家之後，一次又一次沒來由的毆打她。

偶爾不喝酒的時候，回家也是躺在床上滑手機，順便指責加班回來筋疲力盡的妻子不做家務。在胡女士回娘家時，臉上和身上的傷痕引起了舅舅和弟弟的注意。

胡女士的娘家人也不是好欺負的，他們多次去找胡女士的前夫，威脅他如果再打老婆，代價會很慘重。但這個男人往往只老實了幾天，隨後又進入了醉酒打老婆的輪迴。

我又一次聽到了這樣的故事。逼婚是父母做出的決定，父母卻要讓女兒吞下這個錯誤的苦果。而父母無須為自己的行為付出任何代價。

就算倒貼錢，我也要馬上離婚

「他為什麼打你呢？總得有個理由吧？」我問道。

「當時他做生意不順利，掙不到多少錢，我在車行又一直漲薪水，**收入比他高得多。他覺得自己在家沒有地位，自尊心又很強，就只能用暴力的方式證明自己的**

強大。具體的原因，其實根本不重要，他隨便找什麼理由都可以。」胡女士回答。

其實胡女士看得很清楚，她什麼都知道。既然她什麼都知道，那下一步就是行動了；離婚。對於胡女士的決定，她的父母倒是沒有反對。

畢竟在看到那些傷痕之後，他們如果還反對女兒離婚，那就不得不讓人懷疑這樣的父母，是不是想害死自己的親生女兒了。

沒想到，此前對胡女士惡言相向、拳腳相加的前夫，卻態度堅決不同意離婚。其實原因也很簡單，胡女士白天能上班掙錢還房貸，晚上還會回家做家務照顧丈夫，這個男人是這段婚姻最大的既得利益者，他自然不會允許到手的好處飛了。

可是，他卻沒有做出任何有誠意的挽留，酗酒如故、家暴如故，只是不同意配合辦理離婚手續而已。最終胡女士只能選擇起訴。

然而，面對法庭的調解，胡女士的前夫卻堅稱兩人感情沒有破裂，這讓離婚判決的流程變得異常的漫長。最終忍無可忍的胡女士質問丈夫：「你到底要怎麼樣才同意離婚？」

胡女士的丈夫終於給出了他的條件：所有財產歸他，孩子歸他，胡女士淨身出戶。聽到這裡，我幾乎克制不住心裡的怒氣。我不知道世界上怎麼能有男人能這麼無恥、張狂。

我忍不住說：「那妳和他打官司，房貸都是妳的收入在還，房子怎麼也不能都判給他吧？」

胡女士卻無奈搖了搖頭，似乎已經聽到過這句話很多次，已經不想再過多解釋當初的心情了。她說，離婚官司流程很長：「我知道房子我有份，孩子我也有份。真按照法律判，我的收入更高，經濟狀況更穩定，這些本來就是我掙來的東西。但是，每天被打的日子，我一天也不想過了。

「你不懂……不要說房子、孩子歸他，當時就算讓我倒貼錢給他，只要能馬上離婚，我都願意。我真的願意。」

這不是童話故事的結局。在這個故事的結局裡，惡人獲得了完完全全的勝利。談妥了條件之後，兩人以最快的速度離了婚，這個無恥至極的男人獲得了孩子的撫養權和家中所有的財產。

包括此刻的我在內，所有的家人朋友都為她抱不平，覺得這樣太沒道理了。但她說，只要能逃離，怎麼都好，什麼都不重要。而施暴者不僅沒有受到任何懲罰，還把生意做得風生水起。胡女士告訴我，後來前夫獲得了一些機緣，也確實很努力的在工作，今天已經是某家企業的銷售總代理。

在旁人眼中，他是一個上進努力、事業有成的成功人士，正如當年相親時他展現出的形象，是一個家教良好、彬彬有禮的男青年。事實證明，事業上的成就，和一個人的道德人品並沒有任何的關聯。

事業有成的人往往有一種光環，讓人覺得那是一個可以信賴的人，但人為了利益是可以偽裝的，你永遠不知道酒席上長袖善舞的「成功人士」，喝醉了酒回到家，又會是什麼樣子。

從婚姻中解脫的胡女士，更是全身心投入了工作中，如今她的年薪已經超過了一百二十萬。汽車行業的技術知識在不斷更新，胡女士這些年也從未鬆懈過學習；這份刻苦的毅力，讓她一直是店裡最好的金牌售後服務人員，薪水已經超過了很多碩士學歷的年輕人。

在聽過完整的故事之後，我理解了她為什麼日夜不休的拚命賺錢，如今能給她安全感的只有她自己。天已經完全黑了，我的車終於被開了過來。最後我問她：「你還會想走入另一段婚姻嗎？」

我以為答案是否定的，但胡女士想了想，猶豫著說：「應該會吧，只是我工作太忙了，沒有時間談戀愛。有機會的話，我也不是不能考慮。」

「但下次你一定要先多和對方相處一點時間，別輕易又結婚了，日久才能見人心啊。」我擔心的說著。

「這是當然。」胡女士對我笑了笑，似乎她對感情、對未來，並沒有我以為的那麼悲觀。

胡女士替我關上車門，揮了揮手，在路燈昏黃的光線裡，轉身走向了她牆邊的座位。接下來的四個小時，她還有幾十個客戶的電話要打。她已經一百多天沒有休息了。

20

涅槃鳳凰

「對我來說，獨立生活的每一天都在自我療癒。」

歷經履歷空白的四年多，再次開始工作的她如此說道。

鄭女士的故事，是我在認識她很久以後才聽到的。我們初次交流是在她來公司面試的那天，而聽到這個故事的時間，發生在面試一年後的一次偶然相遇中。

一年前我收到鄭女士履歷時，我的第一反應是拒絕。名校畢業、科系符合，之前的工作履歷和職缺要求完全匹配，她原本是非常合適的人選。問題在於，**從上一份工作離職至今，長達四年多的時間裡，她的履歷是一片空白**。

一個脫離社會四年的人，是否依然可以勝任工作環境，通常都會被打上問號，站在公司的角度，我選擇其他候選人無疑是更穩妥的選擇。

另外，這是一位女性求職者。經過了長達四年的空窗期之後，她已經到了用人部門認為的晚婚年齡，履歷很容易因此被主管拒絕。在這個問題上，我也只能建議主管改變觀念，但不能左右他們的決定。徵才時普遍存在的隱形門檻，實在是很讓人無奈的一件事。

兩個不利因素疊加，我原本都要關掉這份履歷了，但轉念一想，這樣一個名校畢業且履歷出色的人，為什麼四年多一直沒有工作，是不是另有隱情？

最終，我還是撥通了鄭女士的電話。電話對面的女生說話非常小心翼翼，帶著過度的禮貌，我聽得出她是個很內向的女生。甚至因為她的過度小心，我覺得我們交流的過程有些艱難。

「妳是不是漏寫了一段工作履歷？」我問她。

「沒有漏寫，我確實是四年多都沒有上班……」她用很小的音量回覆道：「我也知道這是很大的問題，如果貴公司覺得不合適也沒有關係，我就不耽誤你的時間了，真是不好意思……。」

這是一個初次面試的電話，作為求職者，本該努力展現自己的優勢，鄭女士卻反覆強調自己的劣勢，似乎對自己完全沒有信心，我感到有些不忍。我說：「沒關係，妳來面試看看吧。」

和鄭女士對自己的評價大有不同的是，在部門主管的現場考核中，她的專業能力非常扎實，我不由得再次感嘆這所著名的大學果然名下無虛。哪怕面試時她還是不善言辭，但這樣的專業技能，也足以讓她通過之後所有的面試。

鄭女士雖然最後沒有選擇入職我們公司，但她總是說，自己很感謝我給她這次機會。再次獲得一家公司的認可，這次面試讓她在待業多年之後，找回了重回職場的勇氣。

只不過在我看來，她能獲得青睞的原因，還是因為她有深厚的業務能力。有這樣的能力，她就算沒有這一次機會，也總有地方能讓她發光。這就是這個小女生最大的特點——雖然事實上她很優秀，但她自己並不這麼認為，反而總是把自己看得很糟糕，並且，把自己取得的成績全部歸因於他人或者運氣。

當時我問她對未來的職業生涯發展有什麼目標和方向，她的答案是：「完全沒有。」然而她沒有說出來的是，能在待業四年多之後重新有份工作，就已經是達成了她的短期目標了。

可是如今已經過去了一年，當我在重逢的場合問她類似的問題時，她的回答依然和一年前一樣。

「妳已經上班一年了，還是對以後的發展沒有什麼想法嗎？」

「嗯，我覺得自己還需要鍛煉，現在考慮升遷為時還尚早……」她還是那樣，喜歡過度否定自己。

「而且……」她猶豫了一下，還是說了出來：「我並不是只是在職場上沒有方向，我的整個人生，都從來沒有過方向。」

經濟獨立，只是逃離家庭的第一步

聽完她的故事以後，我明白了她這麼說的原因。鄭女士的經歷太過艱難，闖過荊棘讓她的靈魂失血過多，她已然沒有多餘的力氣，去思考職業生涯發展這類關於未來的問題。

作為一個在南方長大的孩子，大學畢業後的鄭女士卻選擇遠離家鄉，到幾千公里外的一個西部省分，開始自己的職業生涯。她是名校畢業生，無論在一線城市還是家鄉省會，都有就業立足的資本，包括面試時的我在內，很多人都不能理解她對第一份工作的選擇。

一年後的今天，她才解開了我的疑惑。**對於一個從小在家庭暴力中長大的女孩**

來說，經濟獨立之後的第一件事，當然是迫不及待的遠離這個家庭——要離得足夠遠，遠到父母無法染指她的生活。

遠離家鄉的她和母親打視訊電話時，鏡頭裡母親常常鼻青臉腫。面對女兒的質問，母親總是說自己是不小心摔倒的，這顯然是一個雙方都心知肚明的謊言。

從小鄭女士的父親，就習慣尋找各種理由毆打妻子和女兒。在恐懼和無助中成長的孩子會受到多大的傷害，成年後的精神狀態和性格又會受到多大的影響，有過類似經歷的朋友都會明白。

更令人不解和憤怒的是，鄭女士家庭中的經濟支柱是她的母親，她的父親並沒有穩定的工作和收入。在這樣的情況下，那麼多年裡，她的母親就是沒有辦法離開自己的丈夫。

我們常常建議女孩子要有一份自己的工作，未必需要掙很多錢，但至少要可以養活自己。當女生在親密關係（包括親子關係和夫妻關係）中感到不舒適、壓抑，甚至遭遇暴力的時候，**一份工作可以讓女生免於因為生存壓力而委曲求全，免於活在親密關係的陰影中。**

但在現實中，我們常常遇到另一種情況，**女性明明有經濟獨立的能力，甚至就是女性的收入撐起了這個家庭，但她們還是沒有脫離一段糟糕的親密關係的意願。**

這種情況發生在很多妻子身上，她們沒有辦法離開自己的丈夫；這種情況也發生在很多女兒身上，她們沒有勇氣離開自己的父母，哪怕自己早就已經有養活自己的能力了。

鄭女士的母親就是這樣一個例子。提到自己的母親時，她很無奈的搖了搖頭：「你無論多能明辨事理，都不可能叫醒一個裝睡的人。」

由此看來，大家都在強調的經濟獨立只是人格獨立的第一步，距離終點還很遙遠。從小到大，鄭女士無數次勸說母親離婚，但母親從未對此表示過認同。

似乎在母親的思維中，無論丈夫如何對自己拳腳相向，自己如何鼻青臉腫、日夜哭泣，也無論自己是否事業有成，完全有經濟獨立的實力，「離婚」這個選項都是絕對不存在的，她甚至連這個念頭都不敢產生。

鄭女士既對父親的暴力行為束手無策，也對母親的軟弱無計可施，對她而言，她唯一的任務，是拯救同樣生活在陰影中的自己。

她成功找到了一份離家遙遠的工作，遙遠到父母沒有辦法再次介入她的生活。從後來她的境遇來看，這一點她做得是很明智的。

但人算不如天算，她沒有想到自己完全無法適應西部地區的氣候，生病越來越頻繁。最終因為健康問題，她不得不辭掉工作。沒有收入的她無法支付房租，只能選擇回家靜養。也是在這段時間，她的父親出軌了。

編劇可能需要構思合理的劇情，但現實是不需要合理的，現實就是不僅這個人敢出軌，連第三者都敢找上家門。而且第三者還吵贏了架，隨後揚長而去。

當時的情境鄭女士沒有詳細描述，我自然也不方便追問細節，但我可以想像，一個自己最痛恨的人在家裡耀武揚威，她會是一種怎樣的心情。

妳這麼胖，讀書有什麼用？以後也嫁不出去

這件事給鄭女士造成了很大的打擊。她再一次把所有的問題都歸咎於自己，認

為是自己不夠強大，才不能在家庭中主持公道，不能保護自己的母親。

其實鄭女士的思路走到這個點上，已經可以說是有些偏執了，因為這些問題並不是她造成的，她不需要為此背負責任。更糟糕的是在被憤怒衝昏頭的情況下，當年的鄭女士把「強大」理解成了「外貌美麗」，她認為如果自己能瘦一點，比她的敵人好看一些，就能在爭吵中替母親出這一口氣了。

如今鄭女士本人也很難解釋，自己為什麼會認為這樣的想法是合理的，或許需要一些心理學方面的專業知識才能解讀。還是那句話，現實是不需要合理的。當初的鄭女士就是這麼想的，這個念頭非常堅定。

於是她被胸中的恨意和怒火驅使著，開始了不惜代價的減肥之路。她每天嚴格控制飲食，高熱量的食物一概不碰，所有美食再也與她無緣。可是人類多少還是需要糖和脂肪來調節情緒，索然無味的食物，讓她本來就壓抑的情緒更加灰暗，而她又把這份壓抑的情緒，全數發洩在了無休止的高強度運動上。

這是字面意義上的「拚命」。那一段時間她明顯的瘦了下來，但階段性的成功完全沒有讓她停止激烈的減肥進度。如今的她回想這段往事時坦然承認，與其說極端節食和劇烈運動是為了減肥，不如說是為了折磨自己。

「那樣的減肥，其實是一種自殘。」她說。

終於，本就體弱的她再次病倒了，病得很急，病得很重。這場急病導致她很長一段時間只能臥床修養，即使她後來有了一些好轉，身體狀況也無法支撐她出門工作。於是她的履歷上，就有了一段長達四年的無業空窗期，而這段空窗期又讓她的求職路更加艱難。

聽到這裡，我不由得感嘆：「還好妳上學時努力讀了書，最後讓妳脫離困境的還是這份漂亮的名校文憑。」

可是鄭女士卻神情一黯：「認真說，我真的不覺得考上名校是一件值得驕傲的事。」因為這一份名校的文憑，並沒有阻止她的父母繼續摧毀她的自尊。很遺憾，**很多時候孩子對自己的認知，都來自自己的父母**。他們即便長大以後能夠明白這是父母的問題，也抹不去青少年時期父母在他們心中刻下的鋼印。

她的父母總是說：「這有什麼了不起，不就是考個學校嗎？」而且，在她開開心心拿到畢業證時，父母還在潑冷水：「妳這麼胖，讀書有什麼用？不如給我去當兵，好歹還能瘦下來。」

事實上，在她整個青春期裡，父母都一直在無底線的攻擊她的身材。諸如「妳這麼胖，以後根本嫁不出去」之類的話，在這個家裡不知道聽過多少次。

哪怕今天的她以平靜的語氣引用父母的話，我聽了還是忍不住一股無名火。難怪這個女孩減肥時會那麼拚命——在被父母摧毀自尊的家庭中長大的孩子，反而更會咬牙證明父母是錯的，甚至不惜以自殘的方式證明。我太明白這種心情了。

她的父母從各個方面，十年如一日的在毀掉自己的女兒。

令人高興的是，鄭女士離開父母之後，處境總算是漸漸好轉了。她在省城買了一套小房子，父母沒事就會過來住。不過它們只要出現在這間屋裡，就總是會繼續對她的身材、她未婚的狀態、她的生活，無止境的譏諷和否定。

更令人不解的是，她的父親隔一陣就要到女兒的新家來住幾天，但除了攻擊女兒的外貌和身材，又拒絕和她做其他的溝通。如此看來，當初鄭女士之所以選擇逃往父母不能踏足的遙遠的西部，的確是因為太了解自己的父母了。她與母親也依然沒辦法溝通。

母親當然也知道女兒過得很壓抑，於是就對女兒說「媽媽只希望你開心」。可是當鄭女士說自己不被催婚就會開心時，這位母親又會數落她：「妳長這麼大了，每天都在想什麼？」

如果她反駁母親說：「妳這不是前後矛盾嗎？」，這位母親又會開始大哭——「妳為什麼這麼記仇！妳有良心嗎？」

雖然鄭女士的生活裡還是有種種不快，但畢竟父母不是每天都住在她家。如今的她有了一份穩定的工作（而且在我看來，還有很大的發展空間），有了自己的房子，有了屬於自己的獨立生活。她再也無須依附著兩個彷彿恨不得毀掉她的一切的人，終於可以自己選擇愛好和心情了。「**對我來說，獨立生活的每一天都是在自我療癒**。」她如此評價自己的現狀。

最後，我想說一個細節。

在我們談話的四個多小時中，並不是鄭女士單方面講述自己的故事，而是我們相互交流人生經歷和感悟。並且在整場長談中，她很多次表現出對我心理狀態的關注和擔憂。

於她而言，我也只是一個在工作中萍水相逢的人而已，但她反覆嘗試用自己對這個世界的理解來開導我。那些想法是她經歷了苦難和煎熬之後凝聚出的結果，對我很有啟發。

其實以我們的熟悉程度而言，這個晚上的交談是有些交淺言深了，這正是我感動的原因。

在經歷了整個童年的打擊之後，她依然沒有失去冷靜思考的能力，沒有失去關心他人的善良；她也一直在緩慢卻努力的自我修復，從來就沒有放棄過自己。

她已經熬過了最艱難的歲月，她的生活會越來越好的。我很為她開心。

21

風箏

「開了這家店，我覺得自己就像風箏，被一根線拴在了這裡。你不能飛遠，飛遠了線就會把你拽回來。」

本篇故事提到的從業者，可能讀者朋友們都很熟悉，因為每一個人應該都接觸過——開雜貨店的老闆。

在小張跟我說他用下班的時間開雜貨店時，我的腦海裡便浮現出，他百無聊賴坐在櫃檯後面玩手機的畫面，或許大家對於幹這一行的人也有同樣的印象。但事實上，開雜貨店並不輕鬆，也並不簡單。尤其是，當你同時還是一個上班族的時候。

小張是我的大學同學。畢業十年以來，我們一直都是很好的朋友。和大多數年輕人一樣，畢業之後，他想找一份好工作養活自己。他先是做了兩年中文老師，在課堂上熱情給孩子們講《三體》[1]；然後做了幾年企業管理諮詢顧問，每個月裡大半的時間都在出差中度過。他白天在客戶公司裡做調查研究，晚上和週末回飯店整理諮詢方案，根本就沒有下班時間。

因為小張長年患有胃病，大學時無論在多麼熱鬧的聚會上，他都滴酒不沾：畢業後卻因為工作的關係，不得不一杯接一杯的喝酒。長期過勞也讓他的疾病雪上加霜，有過胃痛經歷的讀者，應該能想像忍著胃痛熬夜加班，是一種什麼樣的體驗。

他的這份工作薪水不錯，但還是那句話，錢多也要有命花！終於在二十八歲的那年，他下了決心辭職，找了一份公家機關的外包人員工作，並且備考公務員。

和很多年輕人想像的不同，公家機關人員早已不是人們印象裡，喝茶看報的清閒工作。小張入職以後同樣是從早忙到晚，連續幾次在週六的同學聚會上，他都在不停的接打電話。

我記得有一次大家相約去看電影，電影剛開場他就接了個電話，臉色一下變得嚴肅又焦慮——大家應該都很熟悉那種，在下班時間接到主管電話，發現工作又出了狀況後的表情。然後他就起身離場了，我看完電影走出影廳，發現他站在檢票入口處，還在來回走動著打電話，語氣十萬火急。

「下班時間，關機兩個小時也不會怎樣吧？有事一會兒再處理啊。」我為他浪費掉的一張電影票感到可惜。

「唉，你不懂，這個事沒辦法等，事情是一環扣一環的。」小張解釋道：「在公家機關工作就是這樣，必須二十四小時待命。」最後的這個要求，聽起來比加班

1 編按：中國最暢銷的科幻長篇小說之一。

本身還要讓人頭疼。

又這麼拚了兩年，小張終於買房了。裝修完畢入住的那天，他熱情的邀請我們幾個老同學去他的新家參觀。沒想到的是，我們先參觀的並不是一個家。

想創業，你需要「想像力」

當時我們在社區門口停好車，小張讓我們稍等一下，他要到店裡去處理一些事情。在我們驚訝的目光中，他才笑笑的承認，他也是社區門外這家雜貨店的老闆。

我不得不說，這家雜貨店的選址很好，小張很有眼光。他的房子買在城市的新區，街道上還沒有幾家店面。我們向前向後都走了兩、三百公尺，這的確是附近唯一一間雜貨店。無論是社區裡的住戶、路過的路人，想買些生活用品和飲料零食時，小張的雜貨店都是他們唯一的選擇。

店面就在社區大門的右邊，面前是一大片空曠的廣場，從很遠的地方看這店面都顯得極為顯眼，要買東西的人一定看得見。

「你什麼時候租下這家店的？」我問。

「就是最近做裝修的時候。」小張開始給我們解釋成為老闆的來龍去脈。

小張剛買的新房是尚未裝修完成的毛坯房，他和弟弟隔三岔五就要過來忙裝潢的事情。某次，小張的弟弟路過社區門口時，目光忽然落在這個當時捲簾門緊閉、門口還堆著各種建築垃圾的空店面上。隨後他開車在附近轉了一圈，發現周圍一家雜貨店也沒有。

社區門口的保全、送快遞的快遞員，還有裝修工人們想買口水喝，都找不到地方。所以他便動了租下這個鋪面開店的念頭。

兄弟倆簡單計算了一下，就開始行動了。店面並沒有留任何的聯繫方式，所以他們透過仲介聯繫上了房東，一番談判之後，以每月三萬五千元的價格租下了這個地方。

在我們這座城市，這算是一個很低的價格，不過也很合理——在當時的房東眼裡，這只是個人跡罕至、灰塵漫天的路口罷了。在小張新房裝修的過程中，這家小店也在裝修。房東考慮到長遠的收益，也希望他們的生意能做得長久一些，所以免去了頭兩個月的租金，以免小店還沒開張就因為現金流斷裂而倒閉。

故事說到這裡的時候，我忍不住問自己：如果買下這套房子的是我，路過門口這個雜亂無章店面的人是我，我能發現這其中的商機嗎？我沒有這個能力。

因為**我缺乏把一個雜亂無章的空店面和商機聯繫在一起的想像力，也缺乏把打工的自己想像成一個老闆的想像力**。就算我路過這個路口，我的腦子裡想的可能是下週要提交的公司資料——那是些別人安排我完成的事情，而不是我自己說了算的事業。

任何一個成功的故事，最初都是由一個念頭開始的。對未來的想像力，是發展事業的第一道門檻，而**想像力取決於個人經歷，以及生活圈提供的參照物。**

以我個人為例，「人以群分」的定律在我身上幾乎是完美的體現了——我身邊所有的親戚長輩，還有經常聯繫的同學朋友，幾乎全部都是上班族，沒有一個創業者。當然啦，也有些想躍躍欲試自己當老闆的人，但目前他們也都僅停留在「躍躍欲試」的階段。

人們都說方向比努力重要，但是想在生活的雜亂資訊流中識別出正確的方向，是需要想像力的。有人飛黃騰達，有人平淡無奇……這其中的轉折，顯然不是一句「努力與否」就可以概括得了。

當員工用勞力換金錢，做老闆用金錢換勞力

言歸正傳，小張兄弟倆租下這家店之後，接下來的工作就是進貨了。兄弟二人都沒有開店的經驗，根本就不知道哪些貨該進，又該進多少。兩人輾轉找到了批發商，對方一拍胸口說「這事我們是專業的，我們幫你們供貨」，兩兄弟也只好由著對方安排。

貨很快就到了，空空如也的貨架立刻被填得滿滿當當。小張的新家就在雜貨店所在社區的樓上，他自然就擔負起了看店的職責。對此時的他而言，店能不能掙錢、能掙多少都是未知數，而他身上還背著剛剛生效的房貸。

顯而易見，能給他提供穩定現金流的工作他是不能辭掉的。所以小張決定雇一個店員，讓店員在週一到週六的白天看店，而他正常上班，下班以後再來和店員換班。

這個情況其實挺有意思的，一個上班族在公司裡出賣自己的勞動力換來金錢，再用這些錢購買了另一個人的勞動力為自己服務。

以上班和下班為節點，他的身分不斷切換。他時而是一個打工人，時而是雇人打工的老闆；時而代表公司行使職責，時而全權為自己的生意決策。兩種截然不同的工作心態，同時出現在同一個人的同一天裡。

當然，自從雜貨店開張，他就和主管強硬表明了，自己晚上不可能再加班的要求。或許是因為彼時他也已經不年輕了，加班的事情可以交給更年輕的人，又或許他早已流露出，可能隨時準備離開這家公司的想法，最終主管同意了他的要求。

這是我的另一個發現：到了一定的年齡，我們都會漸漸明白，**只有屬於自己的事業才是真正的「穩定」**。

無論是做自媒體、寫書還是開雜貨店，都可以讓自己的命運不被某一家公司、某一個人握在手裡。而**人的精力是有限的，我們必須在職場上學會取捨和拒絕，才能把加班之類被「別人的事業」蠶食的經歷搶回來，用於澆灌只屬於自己的成果。**

如果條件允許，我們當然想全職投入自己的事業——但普通人總是先要有辦法活下去，不是嗎？雜貨店開張不久，之前供應商供貨不合理的問題，就一點點浮現了出來。

這比上班打工賺錢得多，也嚇人得多

「洋芋片進得太多，沒有那麼多人買，很容易過期，過期的只能白白扔掉。

「你看這些包裝漂亮的酒，半年過去了，沒有賣掉一瓶。偏偏這酒進價又很貴，很多現金壓在這裡。

「還有女孩的衛生用品，我們兩個男的完全不懂，只能由著供應商安排……結果不知道是牌子不對還是怎麼的，一直賣得不好，這東西也是會過期的，都砸在手裡了。」

我們第一次來的那天，小張在店裡指著貨架上的商品，細數著自己虧掉的錢。吃一個虧，他就吸取一次教訓，下次進貨時就會多留意。如今，他已經可以自己把控進貨的品類和數量了。

資訊就是金錢，但獲取資訊也是需要成本的。有時候明知是坑，你也得往裡跳——比如小張明知供應商會宰入行的新人，但也只能挨一次宰，用錢換一些經驗。所以**年輕或者新入行時，如果一時遇到挫折，也不用灰心喪氣。獲取資訊確實是有成本的，你很難規避這一點**。

「那店裡賣得最好的東西是什麼？」我問道。

小張指了指櫃檯後面整整一面牆的菸：「全部營業額，香菸占三分之二，其他東西占三分之一。」

我看到那些花花綠綠的盒子，問他：「你怎麼記得這麼多菸的名字？」之所以有這個疑問，是因為我自己在加油站的便利商店上班時，最讓我頭疼的就是菸。

便利商店裡的菸有幾十種，哪兩個字代表哪個盒子，哪個盒子又在哪個位置，一直讓我一頭霧水。偏偏櫃檯前面的客人又在等，如果我遇到不耐煩的或者喝了酒的客人，他們還會連番催促說：「菸都不認識，還上什麼班！」這時候我就更加額頭冒汗了。

而小張店裡菸的種類，比當初我上班時的種類還要多出一倍，這些菸擺滿了櫃檯後面的整面牆，讓人一眼看過去眼花撩亂。他說，一開始自己也是顧客一問他就蒙，但世界上大多數事情是熟能生巧的。

「被罵的次數多了，自然就記住了。」他笑呵呵的說。

「進這麼多菸，真的每一種都會有人買嗎？」我問道。

「並不會，很多冷門菸沒什麼人買的。」小張指了指身後的牆：「但是擺的菸多了，會給客人一種『這裡的菸很齊全』的視覺觀感，這樣他們就會偏好來我這裡買菸，而不是到其他地方去買。很多人來一次都是帶一條菸走的，他們一旦養成習慣，就會一直來我這買菸了。」

那天晚上我就遇到了一個這樣的買家，他開著一輛東莞車牌的車子停在了雜貨店門口，買了一條菸以後又一溜煙開車走了。

類似的生意經還有很多。比如玩具一定要放在靠近門的比較矮的地方，放在小孩一眼就能看到的高度最好，只要孩子鬧著要買，大人通常也就掏錢付帳了。

或許在外人看來，開雜貨店就是收錢結帳的重複工作，但前前後後虧錢無數的小張顯然不會這麼認為。從選址開始，進貨品類的選擇、貨架擺放的邏輯、發現新需求是否要跟進……判斷正確，他就掙錢，幾千上萬的掙錢；判斷錯誤，他就賠錢，幾千上萬的賠錢。

這比上班打工可是要刺激得多，也嚇人得多。

就像被栓起來的風箏，飛遠了總會被拽回來

第一次到店裡沒有停留太久，因為是同學聚會，大家隨後就上樓吃飯去了。半年之後，我約小張吃飯聚聚。既然他晚上要看店，我們就把聚會地點定在店裡，他可以邊看店邊與我聊天。

於是這個晚上我也站在櫃檯後面，看著各式各樣的客人來來去去。那天晚上有個打扮得很酷的年輕小哥，完全不搭理我們對他的招呼，自顧自的繞著貨架轉了幾分鐘。直到實在找不到要買的東西，我們又開口問了第三次「你需要什麼呢？」的時候，他才不情不願背對著我們，回答了一句：「拖鞋」。

結帳時，他買了一雙粉色的拖鞋、一瓶沐浴露、一大堆泡麵和飲料，看起來好像是家裡來客人了。他走了以後，我們的張老闆喜笑顏開。張老闆說今晚的客人比平時多很多，連聲誇我是招財貓。

店裡還來了一位老爺爺，他拿著手機想用行動支付，卻怎麼也點不開。我走過去幫他操作了幾下，出現輸入密碼的介面時我反射性的跳開，老爺爺則笑著說：「哎呀，這有什麼關係」。

老爺爺說，現在到處都是手機支付，他覺得買東西越來越不方便了。

小張聞言拉開抽屜說：「我們也收現金的。」

老爺爺又呵呵一笑，舉著手機湊向了機器：「我們還是要跟上時代嘛！」

到了晚上十點，來店裡買東西的客人越來越少了。小張盤點完今天的貨，我們站在店門口閒聊。我問他當老闆的第一年，最大的感受是什麼？

「累。不只是身體累。」

白天上班，小張要高度集中注意力，在六點半之前把所有工作任務都做完；晚上同事們結束了勞累的一天，下班休息的時候，小張要重新打起精神，站在店裡的櫃檯後面，有客人時結帳，沒客人時進貨盤點。無論是工作日還是週末，從上午七點到晚上九點半，他一刻也不得閒。

你可能會說，那晚上十點以後，小張總還能有一些自己的時間。可是小張說，他每天晚上到家以後精疲力竭，洗個澡就只想昏睡過去。他也努力想做點自己的事，比如最近他試圖在深夜讀完《資本論》，可是疲憊的大腦不允許他這麼做。

「我現在就只有一個希望。我希望週末看店時，能回家吃一口熱飯，就只要半個小時就好。」他嘆了口氣說：「之前有個週末，我媽媽和妹妹來看我，媽媽做了一頓午餐，妹妹替我看店，我回家吃了頓飯。我只是離開店面半個小時而已，那一整天都不一樣了，真的。」

如果說有什麼事能讓疲憊變得更沉重，那應該就只有孤獨了。你勞累了一天，

兩種心境。深夜推開家門時，看見家裡燈火通明和看見家裡一片漆黑，肯定會產生截然不同的

房子只是鋼筋水泥，用鋼筋水泥建成的「家」，是不能緩解你奔波所帶來的疲憊感的，只有人才可以做到這一點。然後第二天、第三天……又是無限的、勞累的、孤獨的迴圈。

「開了這家店，我覺得自己就像一個風箏，被一根線拴在了這家店裡。你不能飛遠，飛遠了線就會把你拽回來。」

這是每天晚上站在櫃檯後的小張，創業滿一年的時候發出的感嘆。他也只是感嘆一下而已。接下來的時間裡，他依然會堅持上班，堅持開店，堅持完成每一天疲憊的迴圈。生活嘛。

雜貨店開張的頭三個月，小張由於剛入行吃了些虧，月月虧損；雜貨店開張半年之後，就已經收支平衡了。這時候社區的入住率還不到十分之一，晚上我們抬頭看著那些高樓，只有寥寥數盞燈亮起。

如果不到十分之一住戶產生的人流量，就能讓雜貨店平衡收支，那麼隨著住戶

越來越多，小張賺錢也是遲早的事。如此看來，這門生意的確未來可期。

隨著時間推移，其他創業者也意識到了這片區域的潛在商機。在小張的便利商店開張滿九個月時，廣場對面也開了一家便利商店。看來對面的老闆也發現了這裡的商機，信心更足——他顯然認為這裡的人流，可以支持兩家便利店同時生存。

對面的新店雖然開得晚，但是很快擺出一副玩命競爭的架勢。這邊的店上午七點開門，那邊他們六點半就開張；這邊的店晚上九點半打烊，他們開到晚上十一點甚至更晚。看得出對面的老闆更花得起錢，那麼長的營業時間，顯然他需要雇用兩班員工。

一開始小張還和他們拚營業時長，後來還是回到了自己原本的節奏。

「不想爭了，太苦了。」小張看著對面門店的招牌燈光，無奈的搖了搖頭。

晚上十點四十分，我們想著應該不會再有顧客了，就準備關門打烊。小張看到烤香腸的機器裡還烤著最後四個丸子，就問我吃不吃。「這個東西不能隔夜，沒賣掉就浪費了。」

我想了想說：「要不再等等，說不定還有人買呢。」

你說巧不巧，五分鐘以後店裡來了一個男人，他看起來餓壞了，徑直沖著烤腸機走了過來，指著丸子問我們熱不熱。

小張保證說：「肯定熱」，然後拿出竹簽把丸子串了起來，賣給了他。

雖然就只賣了兩塊錢，但我們看著空蕩蕩的烤腸機都很高興。自己創業就是有這麼個樂趣，每次有顧客進來買了東西，都會在心裡累積一點點喜悅——因為這一次的**客戶不是認可我從屬的公司，也不是認可別人製造的產品，而是認可我自己開創的，眼前所有的一切**。

就像那個不會用手機支付的老爺爺，離開前說了一句：「店開得不錯啊」，不但老闆小張很開心，連只當了一晚上臨時工的我也覺得快樂。

那天晚上我和小張閒聊，我問他如果他未來的妻子沒有工作，是不是能替他看看店，這樣他就輕鬆一點，也可以省去工作日白天雇一個小妹的工資成本。

「不會。」他立刻搖了搖頭。

「你還是希望未來的老婆出去找份工作？」我問他。

「這是其中一個原因吧。主要是我不會解雇這個小妹的。」張老闆回答。

見我有點訝異，他給我講了一件這個小妹的事情。

某個白天小張在上班，他雇來的小妹在看店。有個大叔進來買了瓶礦泉水，拿出手機刷了一下，就拿著一瓶水離開了。大叔的手機響了一聲支付成功的提示音，所以小妹以為已經付款了，就沒留意。

那天晚上小張回來盤點，帳目怎麼都不對，就差兩塊錢。等第二天兩人一核算，終於找到了問題——昨天那大叔刷了碼，帳單也產生了，但錢因為各種問題並沒有成功到帳，音響的那一聲提示騙過了兩個人。

小張說既然問題找到了就好，下次如果這位大叔再來店裡買東西，就把錢要回來；如果沒有再遇到他，那就算了。

他沒想到的是，小妹不知道用了什麼辦法，竟然找到了那個大叔的手機號，打電話和他說了這件事情。過了兩天，大叔正好回到店裡買東西，把兩塊錢補上了。

我們兩個都把自己代入了這個場景：該如何在茫茫人海中，找到一個曾經來過店裡然後馬上離開的陌生人？我們不知道他的姓名、工作，也不知道有誰認識他，僅有的線索是對他外貌的印象，和他付款時留下的一個微信暱稱。我們的結論是，根本無從找起。

但這個小妹找到了他，而且還讓他記得下次來店裡時補上錢。

小張說，這個小妹在這一片人緣非常好。無論是社區的保全、街上開餐廳、做裝修的老闆，還是這裡的房產仲介、各種快遞員和送貨員，她都能叫得出名字、說得上話。這樣一來，雜貨店的很多事情大家就可以互相照應，而且這還給雜貨店帶來了越來越多的客源。

我留在店裡的那天晚上，發現我們這家店的人氣，比對面新開的雜貨店人氣要高很多，我想這應該是原因之一。

小張這麼一說我就理解了。這樣一個員工，老闆當然不願意解雇了。從雜貨店店員這個職位適合的能力模型來看，她甚至比小張這個老闆更適合！

所以說啊，行行出狀元，哪怕只是一個雜貨店的店員，做到及格和做得很好也是有差別的。我想起之前在加油站看店時窘迫的自己，就這個工作而言，我肯定沒有店裡的小妹做得好。

離開時，我買了一盒某個牌子的牛奶。走進門的時候我就在貨架上注意到它了，整個晚上我一直很好奇，它喝起來是不是小時候我吃的牛奶糖的味道。

小張笑呵呵的結了今天最後一單。他說今晚生意真是出奇的好，希望我這個招財貓能夠常來。

22

囚鳥

「如果和父母關係不好，我反而能有勇氣對抗，
但我知道他們是真的關心我，所以才很難拋下他們離開。」

我和小汪同學的見面，可謂一波三折。我們先是約好了某個週五上午面試，結果那天上午他突然打來電話，說他到了高鐵站才發現身分證不見了，上午應該是趕不過來了。

電話裡他不停道歉，語氣很是惶恐急切。我說：「沒關係，我們再約個時間。」可是等到了第二次面試時，他還是沒有到場，再次爽了公司的約。電話裡他致歉的態度更加誠懇了，他一再說不好意思，是他的問題。

我問他：「具體是什麼原因呢？」

「唉，父母不同意我到外地找工作，而且在我不同意的情況下，他們已經幫我找了本地的工作，現在要是和介紹人說我不去入職了，面子掛不太住……。」

這些年在這個二線城市的ＨＲ職位上，我已經見到了太多太多，因為父母的懇求、強迫甚至威脅，放棄了大城市的事業、朋友和愛情，而回到家鄉的年輕人了。

而這樣的年輕人裡，女性又占了大多數，因為她們的父母認為「女孩就不該離家太遠」。她們的眼裡有火焰熄滅後的灰燼，她們開口總是嘆息。有個從北京回來的女生，第一次看到三位數的工資時直接痛哭出聲，但一切都為時已晚。

如果我把每一段這樣的遭遇寫出來，那這本書就會充滿無限重複的故事，而且無比漫長。

誰承擔決策的代價，誰才有決策的權利

按照這一次汪同學在電話裡的描述，他的父母是觀念非常傳統的人。省會城市的職業生涯發展空間，顯然遠勝於一個山區縣城，父母當然也明白這一點，但他們認為孩子的職業生涯發展無足輕重，正所謂「在哪裡工作不都是工作？」。

他們希望自己的兒子能一輩子都留在那個縣城裡，在他們的注視下工作、結婚、生子。他們認為，這就是最幸福的人生範本。

價值觀沒有是非對錯，如果小汪同學也認同這是幸福的，如果他在家鄉能過得快樂，那麼這的確是最好的選擇。但他如果真的是這樣的人，就不會考研究所、考公務員、去深圳面試，不會一而再、再而三嘗試所有能夠離開家鄉的可能；此刻，

也不會和我打這通電話。

可是，無論是考研究所還是公務員，他都沒能成功。深圳公司的面試倒是通過了，卻因為企業內部的管理問題，公司最終沒有發出已經口頭許諾給他的職缺。

汪同學說，大四時，他也曾躊躇滿志的想闖蕩出自己的人生，可是如今，一連串的失敗已經讓他對自己失去了信心，他已經開始質疑自己，是否真的沒有走出家鄉的能力。

同時，經過他這一連串的失敗以後，他的父母也更堅定了「自己的孩子不應該走出縣城的決心」。甚至連他第一次來面試時丟了身分證這件事，都被他的父母稱為：「你看，這就是天意」。

我對汪同學說，**誰承擔決策的代價，誰才有決策的權利**。一旦父母喜歡用自己的好惡替孩子做決策，甚至逼孩子做決策，卻沒有辦法替孩子承受心理上的壓抑和痛苦，那承擔選擇的代價的，就只有年輕人自己。

「你如果並不喜歡家鄉的生活，只是因為父母的喜好而強迫自己留下，那以後不會開心的啊。」電話裡，我忍不住多說了幾句。

「哥，你說的這些，我都知道。」

我每說完一個想法，汪同學就會說「我明白」、「我認同」、「我自己就是這麼想的」。但是，在他不斷對我的觀念表達認同的同時，也不斷在重複著自己還是只能留在家裡，只能聽父母的話這個事實。

一般來說，一個人行為和觀念會是吻合的，因為正是觀念指引了行為，但在成年人如何應對父母的具體情境中，像汪同學這樣的年輕人並不是少數。他們也同意人是獨立的個體，但當父母和自己的意見相左時，他們往往並不能排除干擾，真正獨立思考。最終他還是拒絕了我的邀約。

掛掉電話時我想，**我們之所以聽過很多道理，但還是過不好這一生，是因為人們很少會實踐心中的道理。我們的顧慮太多了。**

本來這個故事到這裡就結束了。然而在那一次電話溝通過後的第四天，正在開會的我，突然收到了來自汪同學的一條很長的簡訊。

訊息裡他再次對先後他的兩次失約表示了歉意，並且也再一次對自己沒有和父母對抗的勇氣表示了無奈。但他並沒有跟我申請再一次面試的機會，只是單純來表達留在家鄉的壓抑和苦悶。

簡訊的最後他感嘆道：「或許最後我還是要變成自己最不想成為的人吧。沒有勇氣的人，就是要承受沒有勇氣帶來的苦果。」

我很少遇到求職者直接表露出私人情緒的情況，無論是那條簡訊的字數還是內容，都體現出了這個男生是在兩難的煎熬中度過了這四天。那個時候，這個職缺還沒有找到合適的人選。於是我回覆他：「這個工作暫時還沒有滿意的人選，要不你明天來面試看看？」

「！！！！！！真的嗎」——這是我收到的訊息，句首足足用了六個驚嘆號。

他大概以為自己連續兩次面試缺席，肯定被公司拉進了黑名單，再次出現的機會讓他非常驚喜。很快他便回覆了消息：「明天上午，一定來面試。」

「這回可別再出什麼狀況了……」我還是忍不住說了一句，他再三保證這次一定會來。

第二天，汪同學坐上了高鐵，最終喘著粗氣，準時出現在如驚弓之鳥般的我的面前，看得出他也實在是不想第三次爽約了。

我以為這一次見面，主要是我來介紹一下公司的情況和工作薪資，而關於他個人的情況，我們之前已經溝通得很充分了。說這些花不了多少時間，而汪同學返鄉的車票是下午兩點的，多出來的時間，我們自然又聊到了定居城市的選擇問題。

插一句題外話，我一直認為電話和視訊是不可能替代現場面試的。人與人之間的化學反應和情感聯繫，很難透過電話或者一塊螢幕建立起來。比如這一次，在現場兩人面對面的交流中，汪同學給出了此前在長達一個小時的電話交談中，都沒有透露的新資訊。

父母是真心為我好，我才沒勇氣反抗

是的，之前他在電話裡跟我溝通的內容，並非他處境的全貌。在今天之後，我才真正知道了汪同學猶豫不決的原因。

汪同學和父母的確在就業問題上有明顯的價值觀分歧，但他和父母之間，並非我以為的劍拔弩張的對立關係。

「其實我家裡的氛圍很好的，我的父母也很愛我。」汪同學如此描述自己的家庭關係，言辭懇切。就連這一次矛盾爆發時，他和父母也沒有真正的爭吵。

而且，他的家長也並非受限於文化和視野，對外面世界一無所知的那種父母。兩位家長在當地都有一定的社會地位。他的父母想把孩子留在家鄉，還有除了親情外的其他考量。

具體的說，以汪同學父母和親戚的社會關係，可以讓他在某個大企業的縣城分公司找到一份工作。雖然汪同學到手的薪水只有不到一萬兩千元，但勝在穩定，吃住在家也沒什麼開銷；並且從長遠來看，家中的人脈資源，還有很大機率能在他未來升職時提供幫助。

他的父母認為，**讓兒子留在家鄉是對他的人生最有利的安排**，至於年輕人想闖蕩的心情……或許他們覺得，這份憧憬是可以被時間磨平的吧。

他對我說：「哥，你說的那些，關於獨立、關於後悔、關於城市的機會，其實我都懂，要不然我也不會嘗試考研究所，去深圳找工作，又到外地考公務員，今天也不會來這裡。

「如果我和父母的關係不好，我反而能有勇氣和他們對抗，但就是因為和父母的關係不錯，**我知道他們不是為了滿足控制欲，而是真的關心我，所以我才很難拋下他們直接離開。**」

事實上，汪同學之所以今天能出現在這裡，正是因為在之前的幾天裡，父母見到孩子因為留在家鄉而鬱鬱寡歡，反過來勸他「那你還是去那邊面試看看吧，不要因為爸爸媽媽這麼不開心」。

「正是因為父母對我很好，我也很愛我的父母，家庭才是我的牢籠。」最後，汪同學無奈的嘆了口氣。

「如果他們真的是自私的父母，只是為了養兒防老才想把我留下，我反而可以追尋自己想要的生活了。」

一邊是家鄉的工作，月薪不到一萬兩千元，但工作絕對穩定，無房租和伙食成本，將來家裡的人脈關係有幫助他升職的可能，但不是必然；另一邊是省會城市的工作，月薪到手兩萬五千多元，未來大機率有不斷漲薪的可能，有宿舍、有食堂，但生活成本還是相對高些，此外，家裡的人脈關係在外地發揮不了作用，職業發展只能靠自己一個人。

後悔時要記得，另一條路也不會那麼完美

選擇的天平兩端，還有意願和情感的重量：留在家鄉符合父母的期望，但自己總是覺得壓抑；而外出闖蕩是自己所憧憬的，卻難免讓父母傷心。

這真是個令人糾結的選擇題。如果是你，你會怎麼選？

面試結束之後，汪同學背上書包走向了地鐵站，準備踏上回家的高鐵。這兩個小時裡我們相談甚歡，我一路把他送到了路口。

走到公司大門口的時候我說：「**人有個特點，對現實不滿時，會在想像中美化自己當初沒有選擇的那條路**，然後為了自己的選擇後悔。無論你回家以後怎麼選，**後悔的時候要記得，另一條路並沒有你想像的那麼完美**。明白這一點，很多事情就

可以看開了。」

汪同學點點頭，說他再回去想想，過兩天給我消息。兩天以後他給了我答覆，最終，他還是選擇了留在家鄉。

23

我是為你好

這位主管一直努力為下屬爭取待遇，

然而，他們卻不斷離職、調部門……。

這次和我交流的對象是某個部門的主管。

主管是一個四十多歲的中年男人。身形清瘦，頭髮稀疏，這應該都是他長期過勞所導致的後果。但反過來也證明了，這至少是個「同志們跟我上」的好主管，而不是「同志們給我上」的那種。

他所在的部門，業務難度一直都比較高，作為部門主管，這無疑給他帶來了很大的壓力。我們以為他會在這次談話中大吐苦水，在此前的訪談中，很多處境相對更好的部門管理人都是這麼做的。

但沒想到談話開始，**這位主管隻字未提自己的壓力，卻一直努力為下屬們爭取各種待遇。**他替部門裡的年輕人爭取專案的分成比例、加班費、派駐外地員工的宿舍、員工的出差補貼和伙食補貼。

他描述了部門裡的年輕人有多辛苦：白天要趕赴工程現場，晚上才有時間回辦公室坐在電腦前加班。有很多專案又在條件艱苦的鄉鎮，他們吃不好、睡不好，還少不了奔波勞碌之苦。

「你看，我們的年輕人這麼不容易，至少要把他們的工資漲一漲吧？這樣大家辛苦工作才更有動力。」他言辭懇切，令聞者動容。

當時並無他的下屬在場，他沒有作秀的必要。但是我知道，這個部門的招募工作一直是最困難的。並且，就算有年輕人願意入職，往往短短一、兩年內就會想方設法調動到其他部門去。那些沒有辦法調動的員工，則紛紛選擇了辭職。

原因是，在我們這個每週工作五天的公司裡，這個部門是唯一一個由部門主管，也就是我面前的這位男士，強制規定員工每週上班六天的部門。

其他部門當然也會有加班的情況，但都是根據工作量彈性加班，只有這個部門是直接在明面上規定：上六天班休息一天。再加上每個工作日晚上也要加班，部門裡的員工怨聲載道。

在談話中，我也提到了這個問題，希望這位主管能夠再斟酌一下週末強制加班的制度。他卻不假思索，直接說道：「**我覺得週六沒必要休息。**」他和剛才一樣言辭懇切，彷彿覺得員工加班天經地義、理所當然。

其實，他並不是那種只會賣雞湯的領導人。每天深夜，主管總是最後一個離開辦公室。每個清晨，第一個到辦公室的也是他。他規定部門員工每週工作六天，而他自己就連每週日都會到辦公室工作，似乎完全不需要休息一樣。

作為技術部門的主管，他還是專業領域的前輩。只要年輕人願意花時間學，他一定花時間手把手的教，無論自己留到多晚都可以。

面對我的質疑，這位主管說了自己的理由：「在家反正也沒有創造什麼價值，不如在公司為事業、為個人成長奮鬥。」

只有工作是理想——年輕人都應該這樣

之前，部門裡有年輕的員工剛結婚，需要陪伴新婚妻子，照顧剛出生的孩子，於是和主管商量週六能不能請假——其實週六原本就是假期，本來無所謂「請假」一說。而這個請求遭到了主管斬釘截鐵的回絕，沒有任何商量的餘地。

「你說你成家了週末就要休息，那我都成家二十年了，這二十年沒有休過一個週末又怎麼說？年輕人，不要年紀輕輕就好逸惡勞。」在談話中，他對我們複述了當時訓斥員工的原話。

他堅信自己的想法是對的，但現實擺在面前，他又感到很迷惑。這兩年部門人員流動性很大，很多員工辭職走人了。

最終這位主管把員工紛紛辭職的原因，歸咎於勞動強度和收入不成正比。他既然不允許員工的勞動強度降低，那要解決問題，就只能從提高收入入手。

「所以我一直在給年輕人爭取更多的薪水，讓他們在每一個加班的晚上都有足夠的回報。」這是他解決問題的角度和方式。他從來沒考慮過另一個角度。

他覺得工作的價值，毫無疑問要高於陪伴家人、高於社交、高於休息、高於他覺得根本不需要存在的娛樂。對他而言，只有工作是理想，他只為這件事活著。他覺得部門裡的年輕人都應該像他這樣。「年輕的時候努力，以後才有前途，人生才有意義。」這個中年男人如是說。

他不理解現在的年輕人，在談話中他反覆問道：「為什麼他們一直在辭職？為什麼？為什麼我一直在幫他們爭取獎金，他們還是一個個辭職了？」要解決他的疑惑，其實討論的核心還是要落在生活的意義上。

今天在網路上，一提到加班的話題，總有人說：「加班沒問題，給錢就行」。好，現在我們討論的話題不用假設了，眼前就有一個在職場上真實存在的情境：加班不僅給錢，而且主管還會努力幫你爭取更多的錢——只要你願意放棄個人生活、放棄陪伴父母、放棄陪伴愛人和孩子、放棄陪伴朋友、放棄個人的愛好和休閒時光、放棄健康的身體，把工作當作唯一需要付出時間的活動，把工作當成人生唯一的意義。

我想問一下那些「給錢就加班」的朋友，這樣的工作，你們願意做嗎？這樣的主管，你們願意追隨和服從嗎？

生活品質是目的，錢只是手段

錢是什麼？錢是購買產品或者服務的工具，錢是購買生活品質的工具。大家需要錢，我當然明白，我也很需要錢，但我們要明白我自己要錢的目的——我們的目的是用錢購買某種生活品質，生活品質是目的，而錢只是手段。

但現在有一種在邏輯上不能成立的觀念：為了手段放棄目的，為了錢放棄生活品質。比如這位主管，就把賺錢當作了目的，並且以為所有人的想法都和他一樣。

他以為自己的員工需要的是錢，所以覺得錢給到位就沒有問題；他覺得自己的父母、愛人、孩子需要的也是錢，所以也會把掙來的錢都拿回家，供家人花銷。

他覺得所有人都和他一樣，只需要錢，只把工作當作是有意義的。當然，我們只是同事關係，接觸也只限於那一次的訪談，無從了解他的妻子和孩子的想法。

但我們能看見的事實是，至少在這個部門的年輕員工們，沒有人願意接受這樣的生活。他們「用腳投票」，清楚表明了自己的態度。

我不知道他算不算一個合格的主管，但從公司的角度來看，他無疑是一個合格的員工，是老闆眼中合格的管理者。可是，為了工作自願晚上不回家、**對家人和孩子只願意付出金錢，而不願意付出時間的人，肯定不是一個合格的丈夫和父親。**

隱藏在慷慨表象下的，是一個無法換位思考的靈魂。他認為只有工作有意義，所以就把所有的時間都花在工作上，其他人追求的意義，都得不到他的認可。他覺得給錢就算履行了義務，所以他給了錢，按照自己設定的標準「履行義務」之後，就可以理直氣壯。

他身邊所有的人，無論是下屬還是家人，都要服從他的價值觀、他的人生準則和他的行為模式。甚至就連陪伴剛出生孩子這樣的事情，在他的眼裡，都沒有週六加班一天有價值。

而且正如很多父母一樣，他甚至覺得，他在「為你好」。他覺得他對員工很好，因為他為員工指明了他認為正確的道路，也為員工爭取了他認為重要的東西。

他覺得自己沒有問題，問心無愧，甚至因為他人不願意服從自己的觀念而覺得委屈。這樣的他，和很多說著「為你好」的父母如出一轍。

「為什麼他們一直在辭職？」面對這樣問心無愧的「為你好」，年輕人除了用腳投票，還能有什麼辦法呢？

24

向上管理者

坐高鐵回家要兩個小時，

是我和父母相處最舒服的狀態。

唐女士是我們合作公司的一位銷售人員。我們在線上接觸了一年，說了好幾次約時間當面交流，但大家也知道，職場上的「有機會一起吃飯」真正發生的機率有多少。

時間過去了一年多，某一天她找到我說，這回她真的要來公司和我見面了，因為她要升職了，以後不會再負責和我們公司對接。

於是，我們這第一次的見面寒暄，同時也是最後一次見面的告別。在那個裝修風格很商務的會議室裡，我們更像是見面之後的網友，交流的內容和工作關係倒是不大。

當然，我們的話題還是從工作開始的。唐女士是這家公司的銷售人員，每天的工作日常就是跑客戶，一家一家的跑。客戶遍布各地，有些公司還不在市區裡，她每天晚上回到家的時間，差不多都在九點以後。週六有時候也要去公司上班，所以很少有屬於她個人的時間。

但是她對目前的工作狀況並沒有什麼不滿。我在很多銷售人員的身上都見到過這種工作熱情：由於他們可以透過額外勞動，在短時間內就兌現收益，加上和不同的人社交，比起行政工作來說重複性更少，所以對於可以透過社交為自身充電的外向型員工而言，他們並不那麼討厭加班。從唐女士馬上要升職的結果就可以知道，她的工作成績也不錯。

「可是這樣的工作強度，會不會讓妳沒有什麼屬於自己的時間啊？」我問道：「妳會覺得私人時間不夠用嗎？」

「我倒不會。」唐女士對我笑了笑：「比起相對可控的加班時間，消耗在戀愛、結婚上的時間和精力，對私人空間的占用，要多得多吧？」

她的觀點讓我很意外，但我仔細一想，也並非沒有道理。如果真的以「私人領域」是否被入侵作為判斷的標準，那麼親密關係對私人領域的干涉，相比工作的確有過之而無不及。

在她的生活中，無論是父母、丈夫還是孩子，都可以隨意走進她的房間，打斷獨處。和在休息時間給員工發訊息的主管不同的是，前者的行為在大多數人眼裡是一種合理的行為。

喜歡獨處的人，很容易遭遇這樣讓人困擾的質問：「我們是一家人，在一起生活，你為什麼總要把『你』、『我』分得那麼清楚呢？」

我想起多年以前，有個朋友說過對婚姻的暢想，她說：「如果我結婚了，家裡一定要有一個只有我自己能進去的房間。」

我知道會有很多人接受不了這種想法，但這已經是她為了親密關係做出的最大妥協了——她願意組成家庭，只是想在家裡保留獨處的一小片領地而已。相比之下，唐女士的辦法更為有效而直接。

「是的，我是獨身主義者。」唐女士說：「我很不喜歡兩個人必須綁定在一起的生活，我更傾向我的時間都是自己說了算。」聽起來，唐女士的需求和我的需求正好相反。

就像之前說的：人生的意義在於體驗，只不過對我而言，最好的體驗來自親密關係的情緒回饋；而對唐女士而言，最好的體驗是獨處時的安靜和自由。

每天晚上下班以後，她喜歡換上運動服，下樓跑幾圈步，跑步回家以後窩在沙發上看看電視劇或綜藝節目，臨睡前還可以讀一會兒書。

「不要說結婚，哪怕只是談戀愛，下班你總要回訊息或者視訊什麼的吧？你有沒有發現，只是發訊息、回訊息，就可以把跑步、讀書這些整塊的時間切成一段一段的？」我點點頭，確實如此。

「我之所以很享受一個人的生活，是因為可以自由安排時間，自己選擇把時間消耗在什麼事情上。哪怕加班，至少也是我自己選擇的。但是，如果處在一段親密關係裡，你就必須履行陪伴的責任，必須照顧到對方的感受，這必然要占用你一部分，甚至很大一部分的個人空間。我不願意接受這樣的生活狀態。」唐女士說。

保持兩小時的距離，才能和父母好好相處

這是我遇到的第一個不僅堅持不婚，甚至也不能接受戀愛這種親密關係的人。只不過，唐女士和很多深陷婚姻泥沼，同時還勸年輕人結婚的長輩不同，她的精神狀態已經證明了，她的選擇至少是最適合她自己的。

由於工作的關係，我身邊有很多時常加班的年輕人，我很熟悉那種人們眉眼間

疲憊的神色，以及語氣裡夾雜著的無奈之意，尤其是已婚人士加班時更是如此。

而唐女士說起自己的生活時神采飛揚，她的狀態和其他同事的狀態形成了極為鮮明的對比。每個人的精神頻寬都是有限的，熱愛工作的唐女士選擇了放棄親密關係，來節省這一部分的頻寬，可以說這是一種很有勇氣的生活方式。

所有和多數人不一樣的選擇，都需要很大勇氣才能做出。就像很多年輕單身女性一樣，唐女士也要面對父母時不時的催婚。她方才所述的單身理由，雖然可以獲得同齡人的理解，但對於大多數父母長輩而言，這幾乎是「大逆不道」的言論。而她唯一的解決方式是，逃離。

這就是最初唐女士離開家鄉，到省城打拚的原因。雖然租房後她的生活條件變得比較差，工作壓力也更大，但比起面對不能理解自己的父母，物理隔離是唯一減少他們爭執次數的方式。

「可是，妳既然已經因為被逼婚而離開了家鄉，那為什麼不去其他發展更好的城市呢？」我問道。

我身邊也有幾個因為類似原因而離家的朋友，不過他們都選擇了去北京和上海發展。她既然已經付出了代價，那為什麼不交換更大的可能性呢？

「說到這個，長沙分公司最近確實有個很不錯的職缺，只要我願意，去長沙對我的職業發展是更有利的。」唐女士說：「但是我拒絕了。」

「為什麼？」

「因為……其實，我也不想離家太遠。」

「啊？」她是因為受到逼婚的困擾才離開家鄉的，似乎和家庭的矛盾很嚴重，但現在又說不想離家太遠，這讓我有些摸不著頭緒。

「其實我每隔一段時間就會坐高鐵回家看望父母，」看到我驚訝的神色，她補充道：「現在我和父母的關係並沒有那麼糟糕。回家他們總是會給我做好吃的，我也會給母親帶點小禮物什麼的，雖然她總是讓我不要買了，但每次都笑得很開心。」

「所以**妳和父母之間，是觀點對立，同時在情感上又需要對方的關係。**」

「是的。」唐女士點了點頭：「如果我隔一段時間才回一次家，父母也會珍惜這來之不易的相聚時間，一般也不會輕易提起讓我覺得不愉快的話題。我覺得，**和父母保持坐高鐵兩個小時左右的距離很舒服**。太近了不行，他們會干擾我的生活；

太遠了也不行，離家太遠，我心裡也會覺得空空的。」

所以單身主義者唐女士其實和我一樣，也需要親密關係提供的情感回饋。**她雖然選擇單身，但把親密關係中對愛情這個部分的需求，移植到了親情上，**更多的從父母身上獲得情感上的溫暖。並且，**她用拉開生活距離的方式，完成了對父母的「向上管理」**，空間上的距離，構成了防止父母干涉她私生活的屏障。

她強硬而明確的讓父母感受到了，他們對女兒的所有勸說和逼迫，都不會起到任何作用。如果有必要，她可以完全從父母的生活裡消失。

但是當父母表露出寬容的態度和善意時，她也會用笑容和禮物加倍回報。這是一個典型的「紅蘿蔔加大棒」的應對模式。

父母只有兩種選擇：逼婚，這不僅不可能如他們所願，反而會失去女兒，自己忍受年老的孤獨；再者就是接受女兒的人生選擇，維持一個和諧美滿的家庭，還能常常看到女兒的笑臉。

父母當然也需要親密關係的情感回饋，在女兒這樣的向上管理模式下，他們會漸漸趨向於對自身更有利的選擇。

很多由觀念導致的家庭矛盾，其實可以用成年人之間的方式解決，前提是，**成年子女要把自己放在和父母平等的位置上，建立有效的威懾機制，而不是站在孩子的角度，一味說服和懇求。**

正所謂「弱國無外交」，在家庭中，人與人的關係也是一樣的。子女的經濟不獨立，那受制於父母自然無話可說；而**子女在經濟獨立以後，人格也要獨立，要認識到這是一場成年人與成年人之間的關係，而不是子女向父母索要認同的過程。**

在父母逼婚這個很多人煩惱的問題上，唐女士做出了一套教科書式的完美應對方式。如今的她事業順遂、生活安樂、家庭美滿，這一切都來自幾年以來，她決不退讓的決心，和對父母向上管理的堅持。

她不僅獲得了掌控人生的自由，還重新打造了一個沒有矛盾的和諧家庭，作為她疲憊時休憩的港灣。

同時，這個故事還展現出另一個結論：哪怕觀點截然對立，一家人一樣可以幸福的一起生活，只要家庭成員之間彼此互相尊重。如果有人學不會尊重……那我們就只能慢慢教他們學會了。畢竟血緣關係並非可以直接斬斷的，這是我們必須面對的問題，沒有捷徑可走。

聽完唐女士的故事，告別時我不禁感嘆：「我收到過很多讀者的私訊，她們講述了很多次被父母逼婚的煩惱，要是她們也能聽到妳講的故事就好了。」

唐女士笑了笑說：「這種事，聽別人的故事也就只是聽過了而已。最重要的，還是靠自己。你自己要真正長大才行。」

25

工人

對於 19 歲的準大學生而言，

在工廠裡的打工，是我認識世界的第一課。

高考結束的那個暑假，我悶在房間裡報復性的玩了一個半月的電玩，玩得那叫一個天昏地暗。轉眼間到了八月，我忽然有一種虛度光陰的空虛感。正好幾個朋友相約，出去找個臨時的工作見見世面，也給即將去外地上大學的自己掙點零用錢。經過一番尋找，我們踏進了郊區的這家製鞋工廠。

每天上午六點多，我就要擠上開往郊區的小巴，這樣才能趕上每天七點半操場上的晨會。

南方八月的盛夏，整個廠房裡沒有空調，機器發出讓人頭昏腦脹聲響的同時，還散發著讓人窒息的熱量。衣服沒一會兒就被汗水浸透，很多工友乾脆直接打赤膊上班。

工人每天工作十二個小時，中午飯後有一個小時的午休時間。工廠當然沒有午休間，廠房的水泥地上、院子裡的樹蔭下，到處都躺著熟睡的工友。我們通常也入境隨俗，隨便找個灰塵少的牆角坐下，閉上眼睛養養神。

工廠的食堂供應兩餐飯，這是很多人選擇這份工作的原因之一。食堂的飯菜重油、重鹽、重辣，對於體力勞動一天工人們來說，這樣的重口味的菜色無須有肉就可下飯。如此一來工廠又節省了一筆開支。

這裡的工作條件，是我做過的所有工作裡最糟糕的，沒有之一。在廠房裡，汗珠一顆一顆繞過臉頰砸在地上，那種惱人的悶熱感，我至今記憶猶新。

可是如今回想起來，**在工廠工作的時候，我的心情沒有今天在辦公大樓裡上班時這麼壓抑**。

我想，**其中一個原因是：你確實知道自己的勞動有價值**。雖然在工廠幹體力活很辛苦，可是看著一雙又一雙的鞋子在自己手裡生產出來，你可以看見它們，摸到那些鞋底時還是溫熱的，就會覺得自己的辛苦沒有白費。

而你畢業走進辦公室之後，寫的那些資料，做的那些報表……你會發現自己的辛苦，無論是對這家公司還是對這個世界而言，好像沒有任何價值。意識到自己的努力其實全都浪費了，對於辛苦工作的人來說，是很痛苦的一件事情。

另一個原因是：工廠裡的人際關係很簡單。比起後來辦公室裡的職場人，工友們都相對單純。在那裡，人們把情緒都寫在臉上，你不用去猜測這個笑著和你打招呼的人，心裡對你有什麼想法，因為他們會把想法當面說出來。

「感覺你們大學生，幹不了什麼活」

比如工友小劉。我之所以叫他小劉，是因為他看起來似乎比我還要小一些。如果不是在工廠裡遇見他，我會毫不猶豫認為他還是個高中學生。

我第一次見到他時，他正在努力把一條鐵鍊一圈一圈纏在自己的腰上。我順著鐵鍊的方向向上望去，發現鐵鍊繞過一個懸掛著的定滑輪，另一端拴在箱子上。箱子上方的平臺上有另一位工人等著，看樣子是需要小劉把這個箱子拉到平臺上。

小劉開始後退，同時用力拉那條鏈子，鐵鍊一點點在他的腰上收緊，箱子也慢慢上升。

其實我的同齡人裡，已經有很多人高馬大的同學了，看看學校籃球場上的人就知道，很多人的身材和大人已經沒有區別。可是不知道是不是因為營養不良，小劉看起來卻比其他的工人矮小瘦弱很多。

因為他過於用力，緊綳著的鐵鍊在他的腰上纏得太緊，他的臉漲得通紅，雙腿都在顫抖。我趕忙走上兩步要幫他一起拉，可是使勁咬著牙的小劉忽然轉過頭，用眼神制止了我向前的腳步。

那個眼神很明確傳遞出了他的意思：**他不需要，也不允許我幫忙。**

箱子終於到達了平臺的高度，被平臺上的工人接了過去。小劉松了一口氣，解下鐵鍊，轉身走開了。我雖然疑惑，但也很快忘了這個小插曲。

後來我被安排的工作是，用一根長柄鐵鉗把機床壓制好的鞋墊夾出來。安排工作的工友，把沉重的鐵鉗遞到我手上時，反覆囑咐我必須用鉗子，必須戴好手套，千萬不要直接用手去取機床裡的鞋墊。

我有點不耐煩，心想這麼簡單的事，為什麼要重複這麼多次呢？隨後工友繼續補充道：「之前有個人可能是覺得鉗子不好夾，急了直接伸手進去抓，結果機器突然啟動，他就被夾掉了一隻手。」我悚然一驚，再看向面前巨大的機床時，就像在看一隻吃人的猛獸。

我握著長柄鉗的末端，每一次夾取都小心翼翼，恨不得讓自己的雙手離機器遠遠的。這固然保證了我這雙手的安全，但相對的，也導致工作速度降低。

那長柄鐵鉗的重量也不一般，我如此重複動作半個多小時之後，兩條手臂又酸又麻，握著鉗子柄的手掌被壓出了很深的紅印。我左右看了看，沒有人可以幫忙，只好忍著手臂的痠痛咬牙死撐。只是手臂漸漸不聽我的使喚，如此一來，產出的效率就更慢了。

「要幫忙嗎？」我轉過頭，發現是剛才把鐵鍊纏在腰上的小劉。這回他離我的距離更近了，他理了個平頭，個頭只有我的肩膀高。和很多工友一樣，他沒有穿上衣，一身曬得黝黑的皮膚，讓他的牙齒顯得雪白。

「你太慢了，耽誤事。」他指了指後續流程的方向說：「我們都在等。」

我不禁老臉一紅，可是我的手臂已經不聽使喚了，只好把鉗子遞給了他。

「要把手套給你嗎？」我想起剛才工友的叮囑，於是問了他一句。

他沒有理會我，只是徒手一下又一下絞動著鐵鉗，速度比我快上一倍還不止。他的手臂看起來很是瘦弱，可是絞動鉗子時毫不費力，嘴裡甚至還哼著歌，和方才我咬牙切齒用力的樣子截然不同。

他替我做了我的工作，我又不知道自己該去哪了，只能就這麼站在邊上看著。

直到他攢到足夠用一段時間的鞋墊，才把鉗子遞回給我。

「你真的是大學生啊？」離開之前，他仰著頭問我。

這消息應該是來自晨會時，領班對我的介紹。不過讓我不理解的是，工人們聽到「大學生」三個字的時候，為何都紛紛竊竊私語。

「還不算吧，下個月才去學校報到。」我說。

「這已經是這裡最輕鬆的工作了。感覺你們大學生，幹不了什麼活。」小劉指了指我手中的鉗子。正如上文所言，這裡的人說話都很直接。

我的臉更紅了。他看著我，眼神裡有些好奇，似乎還有什麼話想問。然而過了半晌，他嘆了口氣後就走遠了，什麼都沒有說。

想拿一樣的薪水，就要能搬得一樣重

後來上班的日子裡，我常常留意到這個少年，他和那些身強體壯的男人承擔著同樣繁重的體力勞動。領班指示他搬運重物時，分配給他的模具和用料之沉重，分量並不比其他工人少。

我看著他一次又一次背起或者推動，與他瘦弱的身軀完全不匹配的重物，忍不住為他抱不平。可是領班告訴我，**小劉要的是另一種公平**。

「他要和其他人拿一樣的工資，就只能證明自己能和其他人幹一樣多的活。**老闆只會按照幹活的本事發錢**，沒你想得這麼好心。」

聽到這句話，我忽然想起第一次和他見面時，他在腰上纏上很多圈的鐵鍊，並且用一個嚴厲的眼神拒絕了我的幫助。我之前的疑惑得到了解答。

小劉決不會允許，其他人認為他無法獨立承擔這份工作，尤其是在領班在場的情況下。

是的，其他人只需要使勁就能拉動的鐵鍊，他需要死死纏在腰上才能保證不脫手，但他畢竟還是獨立完成了工作，有資格拿到那一份百分之百的工資。他需要隨時隨地向所有人證明，自己和其他人沒有任何差別，才能保住這份飯碗。

「沒有差別」，指的不僅是勞動能力，甚至還包括性格。從始至終他給我的感覺就是一個老練的工人、寡言少語，看不出一點屬於孩子的青澀感。

「你們這些大學生，還在靠父母給生活費，應該理解不了吧？」領班說。我想說我能懂，可是我真的能懂嗎？領班笑了笑，拍了拍我，沒有再繼續這個話題。

小劉是一個寡言的人，他的沉默會給人一種「這個人雖然年紀不大，但是不好欺負」的感覺。就像刺蝟一樣，渾身的刺都是為了保護自己。

另一位姓鄭的小哥則不同。他比我年齡大一些，平時大咧咧的，對我們幾個準大學生比對其他工友還要熱情，我們有什麼事都可以問他。作為新人，其實大多數工作我們不熟悉，好在這一個月裡承蒙他的照顧。

只是在我們就要離職的前兩天，鄭小哥忽然找到我，臉上的表情有些奇怪，有些鄭重其事，又有些小心翼翼。

「你是不是過幾天就要走啦？」他問我。

「嗯，是啊。」

「嗯……你現在是高中畢業了是嗎？」我點點頭。

「那……高中的物理書，就是那些課本，你可以借給我看看嗎？」

「物理書？」我疑惑道：「你為什麼要物理書啊？」

在安靜的夏日午後，工人們都睡著了的午休時間，鄭小哥開始講述他的故事。平時我和同學之間，難免會交流一些有關學習的話題，畢竟考大學是大家共同面對的難題。但在社會上，在工廠裡，這個我們熟悉的話題從來沒有被人提起過，直到鄭小哥說起他的校園時光。

這個話題給了我一種熟悉感，他說起這些的時候，就像一個和我年齡相仿的同學，而不是已經輟學打工多年的前輩。

從小時候開始，他的數學成績就一直很好。到了國中，他的數學、物理、化學成績在班級裡名列前茅。更難得的是，他覺得獲得這樣的好成績是很輕鬆的事情。

對於這些理科科目，他不需要像其他同學（比如我）那樣，用意志力強迫自己學習，因為他能從解開每一道題的過程中，獲得旁人沒有的愉悅感。對他而言，學習竟然可以是一件很快樂的事情，尤其是物理課，對他的吸引力不亞於動畫片和武俠小說。

可是國中畢業以後，父母卻不願意讓他繼續讀書了。在他的父母看來，孩子讀書本來就是個賠本的買賣，兒子早就該為家裡掙錢了。願意讓他讀完國中，他的父母自以為已經仁至義盡。

看著身邊的同學一個個升學，鄭小哥反覆和父母說想繼續讀書，可是父母和親戚，沒有一個願意聽他說話。父母告訴他：「讀書也掙不到更多錢的，你看大學生一個月不也就掙個幾千塊錢？不如早點出去打工來得實在。」

不是每個人都有「努力讀書」的條件

在父母的安排下，他被親戚介紹，來到了省城的這家工廠。在這裡，沒有人會再問他數學題，也沒有人討論上大學的夢想，每天日復一日，只有永遠幹不完的體力活。大家討論的，也只是哪家工廠的薪水更高，或者一些男男女女的話題。

日子一天天過去，當時他的不甘情緒也一天天消散。他開始適應作為一個工人的生活，每天上工的十二個小時耗盡了他所有的體力，下班後他和新認識的工人們喝酒吃個宵夜，然後倒頭就睡。

從前的人生，就這麼被他完全拋在了腦後，直到有一天領班說，有三個大學生這個月要來打暑假工。

「大學生」，他說，自己已經忘記這個詞很久了。

「我當時特別好奇，高中物理接下去會教些什麼，可是我沒有機會讀書了。既然你要去上大學了，那高中的物理書借我看兩天可以嗎？」他語氣特別小心，似乎是在借一個很貴重的東西，生怕別人不答應。

他不知道我是文科生，我只是因為從來不扔書才留著那些課本，我的很多同學早就丟掉了它們。

他不知道，那時候的我，有多麼痛恨永遠也學不會的數學。如果不是因為那些書代表了那段高中的時光，我真的也會像很多同學一樣，把它們撕了、燒了來發洩高三那一年的壓力。

他更不會知道的是，他苦求不得的讀高中、考大學的機會，那個叫「高三」的名詞，在我和同學們的眼中，被看作了多麼痛苦煎熬的折磨。

我很難過。

我見過那些理科班的學霸，他們總是說自己沒有很努力讀書，就輕鬆拿到了好成績，因為學習這件事本來就無須花費多少力氣。而我的數學老師教我像背課文一樣，死記硬背各種題型的解法、刷考古題，這是我這樣的笨孩子，唯一可以闖過高中數學考試的途徑。

你知道我有多麼羨慕那些有天賦的同學嗎？你知道我多想體驗一次「解題很快樂」的成就感嗎？而此時此刻，我的面前就站著這樣一個理科天才。他說的話，我在那些學霸口中聽過一模一樣的版本。

我很難過。

鄭小哥本來應該在學校裡，因為優異的成績被老師表揚、被同學仰望，而不是在工廠裡，靠出賣年輕人的力氣生活。**可是這就是結局了。鄭小哥沒有辦法，我也沒有辦法**。

第二天，我打包了我的課本送給鄭小哥。這個平時大大咧咧的男人，小心的接過了那些書。他用開玩笑的語氣說，想用下班的時間自己試著學一學，看看能不能像我一樣也考個大學。

剛從高三解脫的我，知道考大學並不是「下班看點書」，就能輕鬆戰勝的事。我們這些人每天複習十幾個小時，都未必能走過那條擁擠的獨木橋。可是他說那句話的時候眼裡有光，我不忍心熄滅它。我只能說，加油。

在這家工廠裡打工，是我的第一份工作。對於十九歲的我而言，那也是我第一次走出校門，看到真實的世界。

這是我認識世界的第一課，從這節課上學到的很多道理，我也是在之後的很多年才慢慢明白。我開始重新審視自己的生活，以及自己認為痛苦的事。

我開始有意識的嘗試對自己而言完全陌生的工作，比如飯店的服務生，比如公車上的工作人員。我意識到**每個人對社會的認知，都局限於自己的生活圈，而這個圈子，只是整個社會的其中一個小角落**。

我開始明白，不是每個人都具備努力的條件。**人們都說知識改變命運，但命運完全可以糟糕到讓人接觸不到知識**。而我，今天能擁有這一切，只是因為自己的運氣不壞而已。

這段回憶寫到這裡，我忽然想起到工廠的第一個晨會。我們排成兩行站在操場上，領班說今天新來了三個大學生，讓大家多照顧一下。我們三個站在隊伍的末尾，聽到原本安靜的工友們忽然紛紛竊竊私語。很多人從隊伍裡伸出腦袋望向我們，似乎大學生和熊貓一樣稀奇。

在他們的眼中，我們的存在似乎代表著另一種人生的可能性。在我嘗試了解他們的時候，他們也在嘗試了解我們。

我想起小劉猶豫之後沒有說出口的問題，我想起鄭小哥說起自己考試成績時的惆悵表情。

我想起我們搬不動東西時，總有工友上前幫忙。他們會好奇的問我們：「上學辛苦不辛苦啊！」，或者感嘆一句：「你們會念書的小孩，以後可是要做大事的！」，然後笑著拍拍我們的肩膀。

我突然很想回去看看。可是，那個廠子應該早就不在了吧。

後記

看完參考答案，換你選擇人生之路

這本書由一個又一個，我經歷過的故事所組成。當你讀完這本書時，也就和我共同擁有了這些經歷。那麼最後，我還有一些想要和你交流的想法。

我是在同一年的秋季，遇到開公司的小林和從軍的小梁。在半個月內，我見到了兩種截然不同的大學生活：一個因為學費捉襟見肘，一個在校創業利潤頗豐。

在這本書的序言中我提到，了解一種新的可能性是改變命運的契機，但至少在這個故事裡，這種方法並不容易實現。

小梁即便知道了小林獲取資訊和人脈的方式，也無法依樣畫葫蘆——因為他是一個寡言、木訥的人，會場、酒席這樣的社交場合，並非他能如魚得水的地方。

小林的社交技能，來自從小耳濡目染的培養，而並不是每個家庭的孩子，都有這樣的成長環境。我們都說現在社會競爭很激烈，但這兩個年輕人之間的競爭，並不是公平的競爭。

甚至我還想過，如果他們倆在同一個學校，小梁很可能是給小林打工的同學。假如把書裡的故事串聯起來，我們會發現這個結論，並非只適用於這兩個人。如果讀到這裡的你，聯想起一些現實生活中遇到的人生案例，也可以得到同樣的結論。比如，如果和工廠裡的鄭小哥相比，這時擁有優越條件的幸運者，就變成了木訥的小梁。

對於讀書學習的重要性，兩個孩子的父母有著完全不同的觀念。他們的孩子是被動的選擇了截然不同的人生。可以串聯的故事並非只有這幾個，相信讀者朋友們在閱讀的過程中，也會產生一些自己的想法。

那麼，在這本書的末尾，某個曾經困擾我的問題，我也就可以拿出來和讀者討論了：人在命運的設定面前，真的有能力改變什麼嗎？

「堅持」能讓你比從前的自己更強

有很長一段時間我一直認為，這個問題的答案是否定的。人什麼也改變不了。但今天事後回想，我一邊把「好想放棄」掛在嘴邊，一邊卻沒有放棄各種嘗試。

就像網中的一條魚，明知道網的存在，但依然掙扎不止。這似乎很不合理。我寫東西好幾年了，我的朋友們和讀我作品的讀者們，常常覺得我是一個很「喪」的人。這的確是真實的我，但並非全部的我。我一直想找個機會聊聊喪之外，我的另一個部分，闡述我的人生觀。

三十二歲這年，我懷著給童年補票的心情，看了動漫《火影忍者》，卻意外收穫了一個很適合用來表達自己的故事。

其中，有一幕故事場景是這樣的：一對十幾歲的兄妹，要在考場上進行一場比試。但男孩並沒有出手，而是開口勸說妹妹認輸。

文藝作品中以弱搏強的戰鬥很多，而此處他勸說對手放棄的理由，是我選擇在這裡講述這個故事的原因。

男孩演講的大意是：**人的行為和表現受制於自身的天賦和性格，而這些要素是個人無法改變的，所以結果也無法改變。**

「人們就是要在這個範圍裡受著相應的苦而活下去……雛田小姐，這是無法改變的差距！」我知道他說的是對的。

女孩聽到這段話以後全身發抖，其實在她內心深處，也知道男孩說的是對的。但是，她並沒有認輸。

名叫雛田的女孩停止了顫抖，然後向前衝刺，揮掌擊向那個她贏不了的人。按照熱血動漫的套路，不服輸的女孩應該戰勝冷漠的對手，但這次的劇情並非如此。

正如現實裡總是發生的那樣，無數個日夜的辛苦訓練，在天賦面前不堪一擊。女孩一次又一次被擊飛。她跪倒在地，內臟受傷，咳出了一攤血。然後她搖搖晃晃的站了起來，繼續出拳，再次被擊倒，再次站起……直到她重傷昏迷，被擔架抬出了考場。

是的，「這是無法改變的差距」，無論她是否努力掙扎，結局都不會改變。

但是我想問，在這樣的一場結果已經註定的比賽中，我們這些旁觀者會共情哪一方呢？

我們共情的人，其實就是我們內心深處，想成為的人。就我個人而言，我更想成為那個咳出一口血，顫抖著雙腿站起的不服輸女孩，而不是那個冷冰冰陳述「你贏不了我」的男孩，哪怕我相當認同他所說的道理。

哪怕結果不能改變，堅持也並非沒有意義。因為勇氣是人類永恆的讚歌。**人生的意義不是結果，而是體驗**。能夠提供體驗的不僅是結果，更何況有時候結果提供的體驗並不美好——真正提供人生體驗的，是過程。

因為整個人生，就是由一段又一段的過程而組成。接下來的例子，都選自這本書裡提到過的故事。

比如我曾經是一個木訥內向的人，但努力扮演著外向的角色。在社交場合遇到真正長袖善舞的人時，其實我也會自嘆不如，例如我在聽小林講述時，就是這樣的心情。

我知道我拙劣的表現很不自然，也明白和我對話的人，有可能識破了我這粗糙的偽裝。如果非要我和真正擅於社交的人，比個社交能力的高低，我這種強扭的瓜肯定比不上他們，差得遠了。

但是，比不上他們沒關係，**我至少比從前的自己過得好，我獲得了更多的經歷和體驗**。

比起小時候那個無人看見、無人在意的我，這種「扮演」讓我有機會認識更多人，以及那些原本的我沒有機會接觸的人；他們中的某些人，後來成了我的密友、戀人，我得以免於陷入自己最恐懼的孤獨中；而外向的外殼也幫助我獲得了HR這份工作，由此我的人生產生了一系列的連鎖反應，包括出版了大家看到的這本書。

揮汗如雨的日夜，不會因為一次失敗就失去意義

我的努力並不能讓自己逾越天賦和成長環境的限制，正如那個男孩所言，如果要和他人比較的話，「這是無法改變的差距」。

但是，**我的努力讓我逾越了對自己的限制，我獲得了比「從前的自己」更多更好的體驗**。

再比如小梁也是一樣。由於經濟條件的限制，他無法像家境優渥的同學們那樣有諸多選擇；由於成長環境的不同，他也很難如小林那般，以社交的方式獲取資訊和資源。

但是，排除掉那些不能選擇的選項，堅持學習、堅持深造是他能夠選擇的。堅持這些選擇其實並不容易，但他在自己能夠選擇的範圍內，盡全力做到了最好。

一個人的氣質，是由他如何度過從前的人生而決定。當一個人長期專注於某一件事時，他能夠獲得的，不僅是屬於某個領域內能力的提升，還有屬於人本身的自我蛻變。

在公務員考試競爭日趨白熱化的今天，木訥寡言的他不僅通過了筆試，也通過了面試。在面試這個需要和陌生人交流的場合，他擊敗了所有參與競爭的對手。

我的猜測是，雖然他不怎麼說話，但面試官依然能看得出這是個很勤懇上進的孩子。作為面試官，在基層職缺的招募中，我們自然會對這樣的候選人有好感——

而這種勤懇、踏實的氣質，是他在長期堅持的努力中慢慢養成的。

最終，他從一份公務員的工作中獲得了安全感——這是他一生中最夢寐以求的東西。作為同樣缺乏安全感的人，我要說，這種獲得是人生中很好的體驗。

說完現實的例子，我們還可以繼續回到動漫中的故事裡。

雛田小姐的堅持，固然無法換來這次比賽的勝利，但那些揮汗如雨的日夜，會因為一次失敗就失去意義嗎？

當然不會。過去夜以繼日的訓練，把一個原本性格柔弱的小女孩，淬鍊得勇敢而堅強，她最終投身於值得為之奮鬥的事業，結識了並肩作戰的同伴。更重要的是，顫抖著雙腿重新站起的背影，讓她收穫了暗戀多年的男孩關注的目光。因為他們是同樣的人，都聽不懂「根本贏不了」這句話。

對一個人來說，是某一場與天才少年比鬥的輸贏重要，還是事業、夥伴和愛人更重要？這一次贏不了，又有什麼關係呢？

大家想想自己和身邊人的經歷，其實不難得出這個結論：**在某一件事上堅持，未必能保證在競爭中勝出，但必然會導致自我的蛻變，從而讓人生變得更有意思一**

些。哪怕在不公平的比賽裡，過程也意味著不同的人生體驗。

正好最近有一位求職者對我說：「人生是過程，不是目的」，我深信如此。所以，我還是有繼續做些什麼的理由。

這本書是二十五段訪談的合集，它們來自二十五個不同的人生。一千個讀者眼中有一千個《哈姆雷特》，我相信讀者們都能印證各自的人生，獲得各自的收穫。

而作為經歷這些談話的人，我想在本書即將結束時，說一點屬於我的感受。

首先我要說的是，**所有成功者的成就，都可以歸因於他們所擁有的優越條件**。翻開任何一個成功人士的履歷，這個結論都可以成立。所以，**沒有必要總是拿自己和最優秀的那些人比較，然後為此焦慮或者否定自己，這對自己實在太不公平**。

如今社會上有很多社會達爾文主義者。他們把自然界的規則，帶到人類社會之中，說著：「這個社會就是優勝劣汰的，你不成功只能怪自己沒努力」。

凡是這麼說的人都是既得利益者，他們必然享受著他人無法具備的優越條件，是這些條件讓他們獲得了後來的成功。信奉社會達爾文主義的人，只是試圖用這套理論，把自己獲得的利益都歸因於努力，從而論證自己既得利益的合理性而已。

其次，我想聊聊「條條大路通羅馬，但有些人就出生在羅馬」這句話。

有人出生在羅馬，這話不假，但在羅馬之外的條條道路上，行路的旅人也是有風景可以看的。正如上文所說，人生的體驗來自過程。

人不能選擇自己出生在哪裡，但是否走出家門，是否錯過一路的風景，是人可以選擇的。

我的建議是，**不要因為外界已經存在的事實，就主動放棄自己選擇的權利**。如果因為一些內心的不甘和怨懟，把原本可以選擇的、屬於自己的可能性也放棄了，我覺得有一些可惜。

正如法二十世紀法國作家羅曼．羅蘭（Romain Rolland）所言：「世界上只有一種英雄主義，就是**看清生活的真相之後依然熱愛生活**」。

當然，這只是我個人看待世界的角度。我知道這個世界上還有很多我無法想像的艱難處境，在世界觀和人生觀的問題上，從來就是只有「參考答案」而沒有「標準答案」。

一本書的作者提供的只能是參考答案，正如我們的父母、上司和社會的價值導向，提供的也都只是參考答案。決定屬於自己的標準答案的權利，只有你自己才擁有。這是在這本書的最後，我想對讀者朋友說的話。

好了，到了要告別的時候了。無論讀到這裡的你，是已經認識我很久了，還是偶然買下了這本書，我都要鄭重感謝你的支持。

我畢生所求，無非陪伴而已。讀者對我的陪伴不僅是我繼續寫作的動力，也是我確認自己存活意義的證明。或許你不會相信，但對我來說，的確是作者更需要讀者，而不是讀者更需要作者。

二〇二二年四月二日，蘇見祈在辦公室，祝讀到這裡的你健康、平安。

給人間帶來不一樣的色彩，
讓人一想到就會微笑的人。

國家圖書館出版品預行編目（CIP）資料

坐在對面的人：職場面試官十年筆記，誰能脫穎而出、誰只能輾轉沉浮，他談完就知。／蘇見祈著.--初版.--臺北市：大是文化有限公司，2022.12
352面；14.8×21公分.--（Think；244）

ISBN 978-626-7192-62-7（平裝）

1.CST：自我實現

177.2 111016781

Think 244

坐在對面的人

職場面試官十年筆記，誰能脫穎而出、誰只能輾轉沉浮，他談完就知。

作　　者／蘇見祈
責任編輯／張祐唐
校對編輯／楊　皓
美術編輯／林彥君
副總編輯／顏惠君
總 編 輯／吳依瑋
發 行 人／徐仲秋
會計助理／李秀娟
會　　計／許鳳雪
版權主任／劉宗德
版權經理／郝麗珍
行銷企劃／徐千晴
行銷業務／李秀蕙
業務專員／馬絮盈、留婉茹
業務經理／林裕安
總 經 理／陳絜吾

出 版 者／大是文化有限公司
臺北市 100 衡陽路 7 號 8 樓
編輯部電話：（02）2375-7911
購書相關資訊請洽：（02）2375-7911 分機122
24小時讀者服務傳真：（02）2375-6999
讀者服務E-mail：dscsms28@gmail.com
郵政劃撥帳號：19983366　戶名：大是文化有限公司

法律顧問／永然聯合法律事務所
香港發行／豐達出版發行有限公司 Rich Publishing & Distribution Ltd
地址：香港柴灣永泰道70 號柴灣工業城第2 期1805 室
Unit 1805,Ph .2,Chai Wan Ind City,70 Wing Tai Rd,Chai Wan,Hong Kong
Tel：2172-6513　Fax：2172-4355
E-mail：cary@subseasy.com.hk

封面設計／林雯瑛
內頁排版／陳相蓉
印　　刷／緯峰印刷股份有限公司
出版日期／2022 年 12 月初版
定　　價／新臺幣 380 元（缺頁或裝訂錯誤的書，請寄回更換）
I S B N／978-626-7192-62-7（平裝）
電子書ISBN／9786267192634（PDF）
9786267192641（EPUB）

Printed in Taiwan